Les Numéros d'ordre placés devant chaque description, correspondent :

Nº	1 à la planche	51
»	2.	52
»	3.	53
»	4.	54
»	5.	55
»	6.	56
»	7.	57
»	8.	58
»	9.	59
»	10.	60
»	11.	61
»	12.	62
»	13.	63
»	14.	64
»	15.	65
»	16.	66
»	17.	67
»	18.	68
»	19.	69
»	20.	70
»	21.	71
»	22.	72
»	23.	73
»	24. }	74-75
»	25. }	
»	26.	76
»	27.	77
»	28.	78
»	29.	79
»	30.	80
»	31.	81
»	32.	82
»	33.	83
»	34.	84
»	35.	85
»	36.	86
»	37.	87
»	38.	88
»	39.	89
»	40.	90

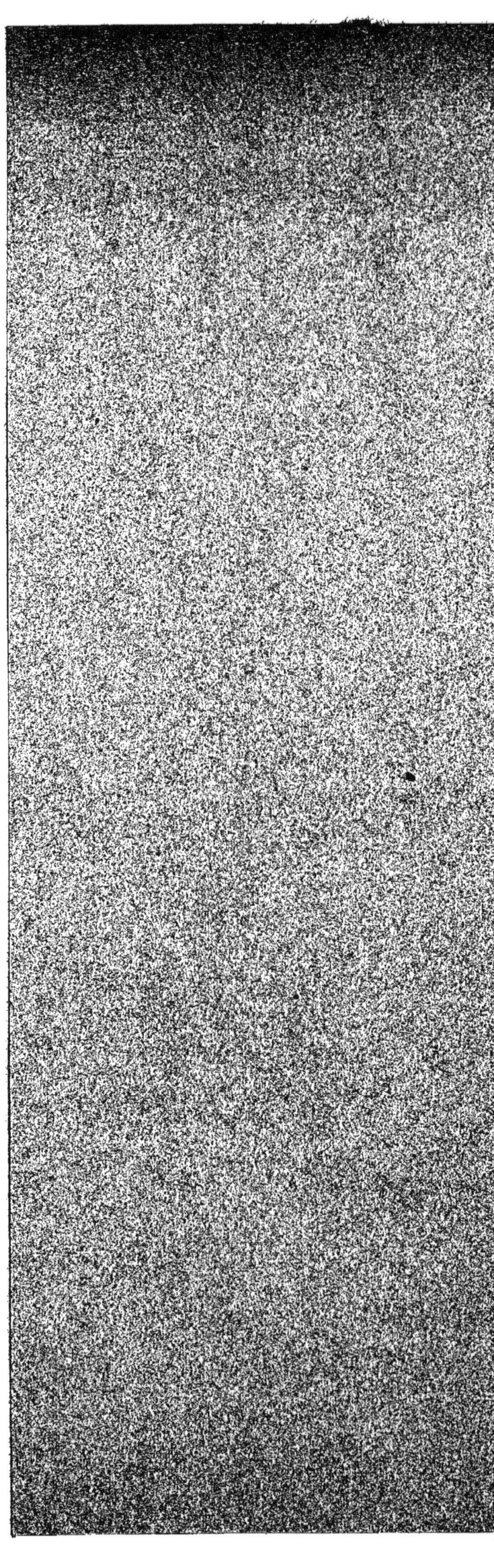

La Dorure sur Cuir

EN ALLEMAGNE

☆

LA
Dorure sur Cuir

RELIURE, CISELURE ET GAUFRURE

EN ALLEMAGNE

ÉPOQUE ANCIENNE

Cinquante Planches reproduites d'après les Originaux par Naumann et Schroder

————

Texte explicatif par le Docteur J. Stockbauer

PARIS

Librairie des Beaux-Arts appliqués à l'Industrie

ÉDOUARD ROUVEYRE

45, RUE JACOB, 45

LA RELIURE EN ALLEMAGNE

S'il est une chose qui mérite d'être traitée d'une manière hors ligne, c'est à coup sûr le livre, et pour son contenu et pour les pensées qui y sont exprimées, ces résultats du travail de la réflexion des porte-bannières de la civilisation, ces esprits supérieurs des nations. Aussi, depuis les temps les plus reculés, dès qu'on sût se servir de caractères pour fixer les idées, on a attaché la plus grande importance à la forme extérieure des livres. Le respect et l'estime qu'on avait pour les pensées exprimées par les caractères, pour les révélations des esprits supérieurs qui se trouvaient à la tête de la vie intellectuelle des peuples, ont toujours trouvé une expression matérielle dans la couverture du livre; aussi pour arriver à cette apparence extérieure toujours en rapport avec la valeur du contenu, on n'a jamais épargné ni les matériaux les plus précieux, ni les travaux les plus difficiles et les plus pénibles.

Dans les temps où les mains de moines habiles se chargeaient de multiplier les livres, où il était difficile d'édifier un livre et de l'acquérir, tout ce que l'art industriel est capable d'exécuter fut réuni pour donner à ces trésors de l'esprit un aspect magnifique. Les sculpteurs en ivoire composaient des groupes représentant des passages de l'histoire sainte, les orfèvres se servaient de pierres précieuses et d'émaux pour faire des ornements, et la couverture elle-même devint une œuvre artistique pour laquelle on déploya tout ce qu'offraient l'art et l'industrie des pays étrangers.

Avec l'invention de l'imprimerie et l'usage plus étendu des livres, la couverture devient aussi plus maniable et plus commode; la reliure en cuir est généralement adoptée; l'art, qui commence à fleurir dans toutes les branches de la vie industrielle, se concentre de préférence dans la reliure. L'importance attachée aux études de cette époque, le goût pour la littérature classique et le développement intellectuel qui en résulta, eurent plus que maintenant, leur contre-coup aussi bien dans le livre que dans la couverture, laquelle toujours un ornement, devint plus pratique et eut plus de cachet. On créa des bibliothèques précieuses et richement décorées, les princes et les patriciens réunirent des collections de livres; tous les talents rivalisèrent d'efforts pour orner les reliures. La reliure devient un art dans le vrai sens du mot. Des noms tels que Grolier, Thory, de Thou, Majoli, sont célèbres dans le monde entier; les meilleurs peintres mettent à la disposition de cette industrie des dessins et des modèles; les princes et les nobles ne trouvent pas au-dessous de leur dignité de travailler de leurs mains à l'embellissement des reliures.

Ceux qui voudront étudier sérieusement l'histoire de la reliure, trouveront dans le fameux traité du D\u1d63 R. Steche, les documents les plus complets connus jusqu'ici.

Malheureusement, ce temps fleuri des arts fut éphémère comme tout ce qui est fleur; ce qui est pire, c'est qu'il ne produisit pas de fruits durables. La guerre de 30 ans, exerçant sa funeste influence sur toute l'Allemagne et même sur tout l'Occident, arrêta les arts industriels dans leur essor. La magnificence de Louis XIV, le Rococo de son successeur, l'art antique du temps de la Révolution, eurent également une influence néfaste sur la reliure.

Il se produisit ensuite des tâtonnements et des changements sans nombre dans cette branche des arts industriels comme dans toutes les autres ; on oublia l'ancienne technique, on abandonna les vieilles traditions et les principes classiques furent sacrifiés aux caprices individuels ; mais on finit par reconnaître qu'il appartenait à la science seule d'indiquer les moyens de sortir de ce dédale de mauvais goût et de confusion. Certainement, il était impossible de ramener entièrement une époque à jamais passée. Nos conditions ont tellement changé, les bases sociales et commerciales de l'industrie ont subi tant de modifications, les procédés et les inventions se sont tellement élargis qu'une imitation absolue des temps anciens serait un anachronisme sans pareil ; on renoncerait à des avantages que doivent envier les siècles passés. Mais on peut allier les inventions et les procédés modernes aux traditions et aux avantages des anciens, par une étude exacte des principes sur lesquels sont basées les qualités de tout produit industriel pouvant prétendre à la beauté et à la perfection.

Le véritable criterium du beau dans les arts industriels est la solidité et le fini du produit. Sans ces conditions, une ornementation, quelles qu'en soient la beauté et la richesse, laisse insensible et peut même déplaire. C'est ainsi que si le corps d'ouvrage (comme disent les Français) est défectueux et peu solide, les plus riches dorures et les titres les mieux ornés, imprimés sur la couverture ne contribuent pas à l'embellir quant à la reliure ; c'est ce qui se remarque et doit être condamné dans cette espèce particulière de reliures qu'on voit travailler d'un bout de l'année à l'autre. Au moment où la reliure était à son déclin, l'Angleterre s'est précisément distinguée par la solidité de ses ouvrages. C'est à cette qualité que les volumes de Payne doivent leur valeur et leur importance, et c'est vraiment justice, car la première condition exigée pour la beauté d'un ouvrage est bien la solidité, qui est le cachet essentiel de tout produit industriel.

Cette base bien établie, pour être belle et être trouvée belle, doit répondre à certaines conditions esthétiques en ce qui touche la couverture en elle-même, le contenu du livre, et ce contenu du livre par rapport à son propriétaire.

Comme couverture, la reliure est soumise aux même lois que toute autre couverture en général. Son but est de protéger et de conserver, de servir d'enveloppe pratique et garantissant bien ce qui doit être protégé et conservé. Elle remplit ce but déjà comme surface unie sans aucun ornement. En ajoutant des ornements, on doit tenir compte du caractère principal de la couverture, de son but qui est de protéger la surface unie. Par conséquent, il faut employer seulement des ornements plats qui, couvrant la surface entière ou distribués d'une manière symétrique, ne doivent jamais être d'un effet tirant sur le plastique. A ce point de vue, on doit éviter tous les ornements qui donnent à la couverture un cachet plastique, tous ceux qui semblent en faire un plafond en miniature. Les parties en relief ne doivent figurer que comme garnitures de coins et fermoirs ; les dessins doivent être plats.

C'est du reste ce qui a toujours été fait, si nous considérons les anciennes reliures à l'époque où cet art florissait. Nous y remarquons d'abord ces ornements tout spéciaux, poinçonnés et découpés, dont le fond paraît repoussé ; ensuite des bandes formées de rouleaux et de fleurons, dont le fond, c'est-à-dire la partie du milieu, est décoré souvent dans le genre des étoffes à dessins ; enfin les arabesques, produit de l'imagination et de l'art de l'Orient, qui maintint pendant plus de deux siècles son empire absolu sur la couverture des livres. L'arabesque est le véritable ornement plat et comme tel, elle est encore aujourd'hui au premier rang. D'abord, elle fut introduite en Espagne par les Arabes et en Italie par les ouvrages d'origine persane ; ensuite, les maîtres allemands cherchèrent par des dessins et des modèles innombrables, à répandre ces « entrelacs turcs et mauresques », comme ils les appelaient. En peu de temps, ces efforts aboutissent à faire de l'arabesque l'ornement plat le plus important des pays de l'Occident. Le Dr Steche l'a si bien décrite dans son livre indiqué plus haut, que je ne puis m'empêcher de citer ce passage.

« Ces ornements arabes-mauresques, les arabesques, se distinguent des ornements des autres peuples qui ont pris pour modèle la nature, principalement les plantes, en ce qu'elles sont des produits purs de l'imagination ne rappelant aucun objet réel, à peine quelques formes de plantes n'imitant jamais la nature.

« Le système des arabesques forme tantôt un entrecroisement de figures à lignes droites, tantôt un entrelacement de bandes ; dans les espaces vides se trouvent des ornements légers et arqués, dont l'harmonie découle précisément de l'alternance de ces dessins grands et petits.

« Au premier aspect, tous ces ornements paraissent se ressembler, ce qui n'est cependant jamais le cas ; ce sont des ornements plats dans le vrai sens du mot : leur but principal est de divertir les regards, d'éloigner l'uniformité par les détails les plus variés, de pousser à la rêverie. Les murs décorés de tapis ornementés des Arabes peuvent être comparés à un orchestre qui exécute le même thème dans toutes les gammes dans d'innombrables variations, et dont l'effet nous transporte dans la fantaisie des rêves. Tout s'unit pour exercer ce pouvoir magique ; l'entrelacement des bandes, son rapport avec le fond, les surfaces réellement plates de tous les ornements jusque dans leurs plus petits détails, et cette couleur enfin, qui, jetée partout, divise et réunit l'ensemble. Les regards s'arrêtent difficilement à un détail ; ils sont forcés par une puissance magique d'embrasser la surface entière. Un ornement se mêle à l'autre, aucun n'est coupé brutalement, il nous semble que tout doit se continuer à l'infini, et nous éprouvons un sentiment désagréable quand nos yeux rencontrent les bords de l'encadrement qui paraît alors arbitraire, tellement ces ornements fantastiques et bigarrés nous ont enlevé l'idée d'un espace limité. Sur ce tapis semblable à une prairie émaillée de fleurs, nos yeux vont et viennent, imitant pour ainsi dire les mouvements d'un lézard jusqu'à ce que, égarés, ils semblent s'obscurcir, et nous arrivons à perdre toute vision et à éprouver un sentiment semblable à celui produit par un orchestre. »

Aucun des dessins créés plus tard n'égale l'effet de l'arabesque ; c'est elle qui a donné naissance à ces ornements magnifiques qui ont immortalisé les noms de Grolier, de Thou, Tory et autres. Aussi, revenons-nous à cet ornement dans les temps actuels, ce qui prouve que l'entendement de la décoration des surfaces s'est amélioré et généralisé.

Ce qui favorise particulièrement l'usage de l'arabesque, c'est son élasticité qui permet de l'enfermer dans tous les cadres, ce qui est surtout important pour la décoration des reliures. Le format de la couverture répond à celui du livre ; c'est là la chose essentielle qu'il faut considérer. L'usage le plus fréquemment suivi consiste à bien marquer sur la couverture son milieu, ses bords qui l'encadrent et la finissent, et à remplir les espaces laissés vides par ces premiers ornements. Cette division ne se fait cependant pas pour la couverture du livre seulement, mais pour toute surface limitée, tapis ou couverture. Ce principe est suivi d'une manière très simple sur les couvertures orientales. On peut le remarquer sur les anciennes reliures en cuir du moyen âge, dans le pressage à rouleaux des gros folios, et on le voit dominer sous l'empire de l'arabesque. On trouvera d'excellents modèles de ce genre sur nos planches 3, 8, 14, 15, 17, 26, 27, 28, 29 et 35. Cette division devient cependant un peu moins sévère par l'effet de l'arabesque ; la partie du milieu reste libre pour le titre ou pour un écusson, et un gracieux mélange de lignes et de feuillage orne tout le reste. C'est là une des particularités des reliures Grolier. Elle donne à la couverture un cachet extrêmement dégagé et gai, la continuité de la surface se sent mieux, et le joli mélange des couleurs réjouit les regards et augmente la jouissance de la composition et de l'invention. La supériorité de ces décorations, comme les modèles des feuilles 33, 44, ressort encore davantage quand on les compare à d'autres semblables exécutées plus tard, comme par exemple les feuilles 9 et 42. Ces derniers modèles ont bien, il est vrai, pour base les motifs de l'arabesque, c'est-à-dire des ovales, des cercles, des carrés, etc., formés de bandes entrelacées, mais la prédominance des filets dans cet engouement général pour les pointes et les dessins à pointes, lesquels ont eu, à la même époque, une si grande influence sur les étoffes tissées, c'est-à-dire sur la décoration des surfaces χατεξοχην, se montre bien davantage encore dans ces modèles ; aussi en les comparant tous, il n'est pas difficile de décider de quel côté a été le plus complètement observé dans la décoration, le principe important de la juste mesure esthétique.

En relevant la partie du milieu, ainsi que les espaces qui la séparent du bord, on forme des ornements tels que les nᵒˢ 23 et 24 ; ce dernier modèle rappelle absolument les garnitures en métal. En comparant ces deux feuilles d'abord entre elles, ensuite avec le nᵒ 27, on ne pourra, il est vrai, affirmer que l'artiste ait cherché à imiter les garnitures en métal, mais tout le genre et la manière de l'ancienne décoration en cuir se rattache si intimement à la décoration en métal, qu'on ne saurait nier que cette dernière ait eu une influence directe sur les ornements en cuir.

Le cuir a certaines qualités qui se rapprochent de celles du métal. Au premier rang, sa souplesse et sa flexibilité; puis la facilité avec laquelle il prend à l'état humide toutes les formes voulues, qu'il conserve une fois redevenu sec. De même qu'on emboutissait le métal pour lui donner des formes en relief, on employa un procédé tout à fait pareil pour la plastique en cuir destinée à orner des cassettes, des fourreaux de poignards, etc. Dans les ouvrages en cuir avec ornements découpés, on voit des métaux gravés, c'est-à-dire des surfaces de métal ciselées au moyen d'instruments tranchants et pointus, dont le fond est ensuite repoussé et piqué; plus tard on presse le cuir au moyen de rouleaux et de petits fers, ce qui rappelle les ouvrages en fer blanc estampillés; les jolies arabesques bigarrées, tantôt appliquées et peintes, ont certainement été employées pour le cuir après les incrustations sur métal. Si autrefois, les ouvriers en métal, les fabricants de cuirasses et d'armes étaient des artistes, les anciens relieurs l'étaient à un égal degré, et il n'est peut-être pas dû au seul hasard d'avoir vu ces deux industries décliner en même temps. Il est probable que, avec le déclin des ornements en métal des surfaces, les relieurs aient vu disparaître et leur zèle et surtout l'émulation nécessaire.

La véritable importance et la valeur d'une reliure doivent être en rapport avec le livre qu'elle est destinée à protéger; tout ce qui vise à la beauté doit avoir un lien visible avec les situations envisagées et le but poursuivi : il en est de même de la couverture du livre qui doit indiquer clairement sa parenté avec le livre lui-même, sans que l'on oublie son caractère comme couverture, comme enveloppe destinée à protéger le livre.

En général, nous pouvons émettre ce principe : Plus le contenu est précieux, plus la couverture doit l'être. Les livres à l'usage des enfants et des classes ne peuvent ressembler extérieurement à ceux qui renferment les plus belles fleurs de l'esprit humain, les mystères les plus profonds de la science et des recherches faites durant des siècles. A la rareté d'un livre, à sa valeur réelle doit correspondre la reliure. Ce n'est pas dans des coffres de voyage qu'on conserve des bijoux précieux, et pour les jouets d'enfants, on ne fait pas de cassettes à parures. L'extérieur doit donner déjà une appréciation précise du contenu. Les moyens qu'on peut employer pour ce but sont extrêmement nombreux. Les différentes espèces de cuir, les outils perfectionnés que nous avons à notre disposition, les nombreuses techniques avec leurs produits nous offrent un choix facile pour la manière de faire juger de la valeur d'un livre par son extérieur. C'est ici que la décoration est de la plus haute importance.

La décoration doit tenir compte de deux conditions essentielles : servir d'ornement à la couverture, et indiquer le contenu du livre et appeler notre attention sur sa valeur. Nous avons démontré plus haut les principes de la première de ces conditions; en ce qui concerne la seconde, il faut remarquer que la couverture n'est pas un inventaire nous faisant connaître aussitôt tous les sujets traités dans le livre. Un voyageur ne s'avisera jamais de mettre sur sa malle l'inventaire des objets qu'elle contient, il n'y fera jamais dessiner du linge, des vêtements, etc., en guise d'ornements. De même, il est impossible de couvrir la reliure de dessins qui conviendront peut être très bien dans le texte. Avec de tels ornements, ce ne serait plus préparer l'esprit au contenu du livre, ce serait donner tout ce contenu lui-même sous forme d'extrait et en miniature. Dans des circonstances bien rares, on cherchait quelquefois à imprimer sur la feuille qui contenait le titre, des ornements destinés à illustrer le texte, mais ce serait absurde et sans exemple de reproduire ces illustrations sur la couverture. Cela nous rappellerait les anciennes comédies, où les acteurs se présentaient d'abord au public pour expliquer les pièces qu'ils allaient jouer.

Les ornements ont un langage et des expressions qui leur sont propres et qu'on ne saurait méconnaître sans faire une faute contre le bon goût. Ils ont des formes particulières pour tous les tons, depuis les plus sérieux et les plus sévères, jusqu'aux plus fins et aux plus légers, jusqu'aux plus gais et jusqu'aux plus joyeux. Une couverture ornée d'un léger branchage et de délicats entrelacements indique un contenu tendre et profond, tel que les épanchements lyriques du poète enthousiasmé. Sérieux et mesuré dans ses lignes, simple et digne dans sa composition, l'ornement fait supposer un contenu sérieux et scientifique; libre et joyeux, hardiment jeté au hasard, il promet une lecture gaie et vive. Certainement, le choix de ces ornements demande un examen sérieux; la nature et l'être du livre lui-même demandent un travail intellectuel pour décider de sa décoration. Il doit y avoir communauté d'idées entre les deux producteurs, car une couverture exécutée sans réflexion ne convient que pour un livre dépourvu de sens. Parmi nos nombreux modèles, il n'y en a que très peu qui, outre les ornements et le titre, indiquent plus spécialement le contenu. Pour la plus grande partie de nos livres destinés à être placés dans les cases d'une bibliothèque et dont le titre est par conséquent imprimé au dos, il serait superflu de décorer la couverture avec un titre plus ou moins ornementé. C'est ce qui convient plutôt pour les livres qu'on place sur les tables des salons. Cependant, on croit généralement qu'il est absolument nécessaire d'entourer ce titre d'une série de figures symboliques et allégoriques, d'en faire une espèce de faux-titre qui donne lieu à de justes objections au point de vue esthétique. Certainement, notre technique élargie et perfectionnée nous permettrait facilement d'agir ainsi, mais il n'en est pas moins nécessaire d'avoir une juste mesure scientifique, de comprendre avant tout ce qui peut être appelé beau en principe, et de partir de là pour fixer les limites de la décoration.

Il sera plus difficile de répondre à cette question : De quelle manière la couverture et le livre peuvent et doivent-ils être en rapport avec leur propriétaire ?

Les objets d'un usage courant ont généralement un caractère d'uniformité complète, mais tout objet qui ne rentre plus dans ce cadre général déterminé par les besoins de la nature, doit nécessairement se rattacher au goût particulier de celui qui choisit, au degré plus ou moins élevé de son éducation. Tout homme qui a une certaine éducation et des sentiments élevés, a pour son usage particulier des objets qui non seulement ne blessent pas son goût par leur décoration extérieure, mais qui portent pour ainsi dire ses couleurs personnelles, c'est-à-dire qui répondent à son caractère, au degré de son éducation et s'harmonisent parfaitement avec lui. Le gentilhomme donne à ses domestiques une livrée sérieuse et digne. le bibliophile, de son côté, cherche à donner à ses livres, comme à un bien précieux et rare, comme à une partie de lui-même, un cachet spécial ; il y arrive de la manière la plus simple avec l'ex-libris, pour lequel convient particulièrement le champ du milieu. Grolier distingue ses volumes par l'inscription : Grolieri et amicorum ; les princes y reproduisent leurs armoiries comme on peut le voir sur nos dessins, ce qui indique un moyen d'établir un rapport idéal entre le livre, sa couverture et celui qui le possède ; mais pour nos temps et nos exigences, cela n'est pas suffisant.

Nous possédons de magnifiques bibliothèques publiques, servant à l'utilité générale ; nous avons les cabinets de lecture et d'abonnement, ressource toute moderne ; enfin, les bibliothèques privées d'importances diverses.

Les grandes bibliothèques sont des institutions d'enseignement de premier ordre. L'Etat se charge de leur entretien et de leur organisation ; ce sont des magasins intellectuels aussi bien que les salles et les monuments d'honneur de la civilisation. L'usage général et public de ces bibliothèques exclut bien souvent l'ornementation des couvertures, telle que nous l'admirons dans les reliques de l'époque où florissait la reliure ; mais cet usage permet une reliure simple, sérieuse, digne, répondant au caractère de la bibliothèque et à sa valeur. Cette reliure devient même, pour les ouvrages d'un ordre plus élevé que ceux de la littérature quotidienne et par conséquent éphémère, une obligation à l'égard de la civilisation, de ses représentants et des pensées exprimées dans les livres. De nos jours, et il faut le regretter, on ne tient plus assez compte de l'impression à laquelle autrefois on ne pouvait échapper ; nous voulons parler de cette impression grave, presque solennelle, que produisaient sur notre esprit ces anciennes bibliothèques des couvents, n'en restât-il qu'une faible partie. On a abandonné l'uniformité et la solidité des reliures, leurs ornements peu éclatants, mais toujours dignes, et on favorise des collections de reliures qui sont des modèles de mauvais goût et de bon marché, cela ne répond nullement à la haute destination des bibliothèques, ni à l'estime que nous devons à ceux qui nous ont frayé le chemin des recherches et de la réflexion. Pour ces mauvaises reliures, le signe indicateur de la bibliothèque n'a d'autre but que celui de pouvoir au besoin réclamer un volume ; aussi est-il remplacé par un timbre grossier sur la feuille du titre.

Si déjà dans les bibliothèques nationales on ne considère guère les rapports des livres et de leurs propriétaires, on ne peut s'étonner qu'il n'en soit plus question du tout dans les bibliothèques d'abonnement, les cabinets de lecture où la spéculation est au premier rang, la science au second. Le timbre, ici aussi matériel que possible, indique bien quel genre de rapports il y a entre ces livres et leurs propriétaires ; d'ailleurs, tout le monde sait que s'il existe sur ces livres des décorations particulières, elles ne sont pas dues aux relieurs, mais aux doigts et aux mains des lecteurs.

Tout ce qui vient d'être dit sur l'ornementation de la couverture trouve une application toute spéciale

1.   2.

pour les volumes des bibliothèques privées, qu'elles qu'en soient les proportions. Ici, le bon goût et le degré d'éducation de chaque propriétaire en particulier sont seuls à considérer, et comme tout homme doit chercher à atteindre le plus haut degré de la civilisation et du bon goût, on doit s'en tenir uniquement aux principes scientifiques émis plus haut, et les observer dans toute leur pureté et avec un entendement parfait. Il est facile d'orner ces livres conformément au goût de leur propriétaire, avec des monogrammes, des armoiries, des ex-libris, d'une manière simple ou élégante, et après des siècles et des siècles, les enfants et les petits-enfants verront dans cette bibliothèque un monument de la valeur intellectuelle et du caractère généreux de celui qui la possédait.

Orné de cette manière, le livre dans sa forme extérieure nous montre ce qu'il est en réalité : l'ami fidèle de l'homme dans les jours gais comme dans les jours sombres ; si les portraits de famille placés sur la cimaise nous donnent une idée matérielle des traits et du visage de nos ancêtres, nous pouvons avoir une idée de la valeur et de la profondeur de leur esprit par ces collections de livres augmentés par chacun d'eux, et qui se distinguent et par le choix des ouvrages et par le choix des reliures.

Que des collections de ce genre n'existent pas encore, il n'y a là aucun motif pour ne pas les commencer ; si l'on n'y est pas décidé par des raisons de convenance, l'on se mettra à l'œuvre en réfléchissant à la valeur considérable qu'ont acquise de nos jours les belles reliures anciennes destinées surtout aux bibliothèques privées.

Dans des siècles, les reliures qu'on exécute maintenant auront certainement une valeur similaire, si toutefois, elles répondent aux lois immuables sous lesquelles se manifeste le beau, aussi bien dans l'art que dans la nature.

Docteur J. STOCKBAUER.

TEXTE EXPLICATIF

1. Hegesippi... de bello Judaico et urbis Hierosolymitanæ excidio, libri quinque; Coloniæ,
Apud Maternum Cholinum, anno MDLIX.

Reliure veau doré. Fermoirs laiton. Tranche dorée, à fleurs imprimées rouges et noires, contours
pointillés. Bibliothèque de Dresde.

2. JACOBUS ANDREÆ, *Passional Büchlein. Leipzig, Bey Hans Steinman MDLXXVIII.*

Reliure veau doré. Bibliothèque de Dresde.

3. Antonio de Guevara, Horologii principium, sive de vita M. Aurelii Imperatoris, Libri 3.
Torgae, in typographeio principali, anno MDCI.

Reliure comme le n° 1. Bibliothèque de Dresde.

4. Reliure persane.

Bibliothèque ducale de Gotha.

5. CHRISTOFFERUS FISCHER, *Christlicher... Bericht von dem Hochwirdigen Abendmal, etc.*
Gedruckt zu Ulssen, bei Michel Kroner, MDLXXVIII.

Reliure comme le n° 1. Tranche dorée, avec lignes en creux pointillées. Sur le premier plat de la
couverture, les armes de Saxe. Bibliothèque de Dresde.

6. Justi Lipsij Politicorum sive civilis doctrinæ libri sex. Francofurdi Apud Joannem
Wechelum, MDLXXXX.

Reliure comme le n° 1. Tranche dorée, avec fleurs imprimées rouges. Au milieu de la tranche les
armes de Saxe, rouge et noir. Bibliothèque de Dresde.

7. Ordnungen Hertzog Ernsten, Hertzog Albrechten, etc. Chur und Fürsten zu Sachsen.
Dresden 1596.

Reliure veau brun clair, avec ornements or. Tranche dorée, avec des lignes pointillées en creux.
Bibliothèque de Dresde.

8. Decamerone di M. GIOVANNI BOCCACCIO *nuovamente corretto... Impresso in Firenze per li*
heredi di Philippo di Guinta 1527.

Reliure or sur maroquin rouge; les champs verts, appliqués; tranche dorée unie. Bibliothèque de
Dresde.

9. Reliure de luxe, Or sur Cuir foncé.

Bibliothèque de Dresde.

10. Liber qui dicitur supplementum, insculptum... Nurmbergæ ductu JOANNIS SENSENSCHMIED...
et Andreæ Frisner de Bunsidel MCCCCLXXV.

Reliure : Couverture en bois, recouvert de cuir brun foncé, poncé et taillé. Les contours de tous les ornements sont découpés profondément et par-ci par-là, un peu creusés en dessous, les surfaces légèrement bombées à différents endroits. Le fond poncé est enfoncé d'une manière égale. La deuxième partie de la couverture est garnie d'animaux grotesques et de feuillage, le tout dessiné plus grossièrement et exécuté d'une manière plus rapide. La tranche est couverte de branchages et d'animaux chimériques peints légèrement. Musée des Arts et de l'Industrie de Hambourg.

11. Das Siebenzehend Capitel Johannis, von dem gebete Christi. Gepredigt... durch
D. MART. LUTHER, *Wittemberg 1530.*

Reliure : Or noirci sur parchemin jauni. Tranche or uni, avec des lignes en creux pointillées. Bibliothèque de Dresde.

12. Der Psalter mit den Summarien D. MART. LUTHER *1576. Leipzig.*

Reliure maroquin rouge à ornements or ; fermoirs, coins et chiffre en argent. Tranche dorée avec ornements de lignes pointillées. Bibliothèque de Dresde.

13. ANDREAS MUSCULUS, *Widerlegung aus Heiliger, Gottlicher, Schrifft, etc. Gedruckt zu Frankfurt a. O., durch Johan Eichorn, 1577.*

Reliure or noirci sur veau brun. Tranche dorée avec lignes en creux pointillées. Bibliothèque de Dresde.

14. Herodotus der... Griechische Geschichtschreyber... Durch HIERONYMUM BONER... *inn das noch volgende Tutsch gebracht 1535 (Augsburg, durch Heinrich Steiner).*

Reliure or sur veau brun. Tranche dorée avec des guirlandes imprimées rouges, tiges et contours en creux pointillés ; sur la tranche, armoiries de Saxe, rouge, noir et or. Bibliothèque de Dresde.

15. Mscr. Dresd. I. 197.: (Rechnungstobellen aus dem 16 Iahrhundert).

Reliure or sur veau brun. Bibliothèque de Dresde.

16. In Regis Caroli Borbonj et amaliæ Saxonicæ nuptiis Regiæ Neapolitanæ Academiæ obsequentis officium. Excudebat Neapoli Felix Carolus Musca 1738.

Reliure veau jaune bruni, les champs marbrés foncés, les fleurs et les ornements noirs. Tranche dorée unie. Bibliothèque de Dresde.

17 et 18. Vorzügliche Einbande des 17. Ihds.

Reliures du XVIIe siècle, impression sur cuir foncé. Bibliothèque grand-ducale de Wolfenbüttel.

19. Kirchen Calender. CASPAR GOLDTWURM ATHESINUS. *Getruckt zu Franckfort a. M. Bey Christian Egenolffs Erben, MDLXXIIII.*

Reliure or sur veau brun. Bibliothèque de Dresde.

20. PAULUS FRANZIUS, *Christliche, Nützliche fragen und antwort von den fürnembsten Hauptstücken warer Evangelischer Religion, etc., 1590. Wittembergk, Gedruckt bey Matthes Welack.*

Reliure or et noir sur veau brun. Tranche pointillée. Bibliothèque de Dresde.

21. Vsvardi Martyrologium. Opera Joannis Molani. Lovanii, apud Hieronymum Wellœum, sub signo Diamantis. Anno 1568.

Reliure or sur veau brun. Tranche dorée à lignes pointillées. Bibliothèque de Dresde.

22. Vertieft gepressterr Lederband mit biblischen Darstellungen und dem Bibliothekzeichen des Marx Bener zu Schwebischen gmind.

Bibliothèque de Dresde.

23. Reliure d'une Bible.

Bibliothèque grand-ducale de Wolfenbüttel.

24. Reliure d'une Bible.

Bibliothèque grand-ducale de Wolfenbüttel.

25. Reliure persane.

Bibliothèque ducale de Gotha.

26. Reliure cuir, avec jolie impression or.

Bibliothèque grand-ducale de Wolfenbüttel.

27. Reliure cuir, impression or.

Bibliothèque grand-ducale de Wolfenbüttel.

28. Reliure persane.

Bibliothèque ducale de Gotha.

29. ANDREAS HONDORFF, *Promptuarium exemplorum, 1568. Gedruckt zu Leipzig, Durch Jacobum Berwaldt.*

Reliure or sur veau brun. Tranche dorée, impression d'ornements rouges et noirs ; sur la tranche, armes de Saxe ; contours pointillés. Bibliothèque de Dresde.

30. Reliure d'une Bible.

Bibliothèque grand-ducale de Wolfenbüttel.

31. Reliure de cuir, pressée et coloriée.

Bibliothèque de Dresde.

32. Reliure de cuir, pressée et coloriée.

Bibliothèque de Dresde.

33. Des Durchlauchtigsten... Fürsten... Augusten Hertzogen zu Sachsen... Dresden, 1572.

Reliure : Or sur veau brun ; tranche dorée, avec guirlandes imprimées rouge, noir et vert ; contours creux pointillés. Bibliothèque de Dresde.

34. I tre libri di Messer Giovan Battista Susio. Della ingiustitia del duello, etc. In Vinegia appreso Gabriel Giolito de Ferrari, 1558.

Reliure : Or sur basane brunie, pressée et vernie. Tranche dorée. Bibliothèque de Dresde.

35. Reliure cuir, impression or.

Bibliothèque de Dresde.

36 et 37. Reliures de Bibles.

Bibliothèque grand-ducale de Wolfenbüttel.

38. DAVID DITTERICH, *Grundtlicher vnnd warhaftiger Berichtt aller gemachten vnd jnn Churfürstlichenn gehentenn vfm Schnebergk eingeantworttem Lilber, etc. (Mscr.) 1576.*

Reliure parchemin ; tranche simple verdâtre. Bibliothèque de Dresde.

39. Biblia, Das ist Die gantze H. Schrift D. MART. LUTH. *Lüneburg, gedruckt durch die Sternische Erben, 1677.*

Reliure laiton, à travers les fentes duquel on voit de la soie rouge. Tranche dorée, avec quelques lignes pointillées. Bibliothèque de Dresde.

40. IL PETRARCA. *In Venetia. Figliuoli di Aldo. MDXLVI.*

Reliure veau, teint jaunâtre. Inscriptions et ornements or. Tranche bleuâtre, avec des ornements imprimés or. Sur la deuxième feuille de la couverture se trouve l'inscription : XX. MAII MDXLVIII BONONIAE.

Comme on le voit par l'inscription, ce livre appartenait à Nicolaus de Ebeleben et a été relié à Bologne. — Voir dans le lexique universel de Zedler, l'article « Ebeleben » concernant cette famille saxonne. Bibliothèque grand-ducale de Weimar.

41. Tutte le opere del Bernia in teiza rima, nuovamente con somma diligentia stampate, MDXLV.
Le terze rime de Messer Giovanni della Casa di Messer Bino et d'altri MDXLII.
Le terze rime del Molza, de Varchi, del Dolce et d'altri, MDXLV.

Même reliure que le nº 41. Bibliothèque grand-ducale de Weimar.

42. Reliure cuir, fines impressions or, avec les armes de Bavière.

Bibliothèque de Dresde.

43. Reliure cuir, à ornements bigarrés.

Bibliothèque de Dresde.

44. PH. BEROALDI *Commentarii in Philippi Cas.*

Magnifique reliure Grolier. — Bibliothèque ducale de Gotha.

45. Hausstafel des Catechismi Aussgelett. Ein sehr nützlich Christlich Büchlin,... des Hochgelarten Herren HIERONYMI WELLERI *Doctor. Gedruckt zu Leipzig durch Valentin Bapsts Erben MDLXII.*

Reliure veau bruni, avec filets dorés : ornements rouges, verts, blancs, noirs, bruns et or. Tranche dorée, ornements rouges, verts, bleus ; contours en creux pointillés. Bibliothèque de Dresde.

46. Reliure cuir, impression or et ornements coloriés.

Bibliothèque de Dresde.

47. Reliure persane.

Bibliothèque ducale de Gotha.

48. Reliure cuir du Dix-Huitième siècle, ornements pressés or.

Bibliothèque de Dresde.

49. Reliure en métal, ornements et écussons gravés à l'eau forte.

50. Reliure cuir, ornements pressés et coloriés.

Bibliothèque de Dresde.

50. Rechte Herzklappe allemal :

1) Betbüchlein. Für allerley gemeine anliegen... Sampt einem Calender... Gedruckt zu Erfford, durch Georgium Bawman. — Gewendet : 2) Œconomia oder Bericht vom Christlichen Haufswesen. Johannen Mathe. Gedruckt zu Erffordt, durch Georgium Bawman. 1577.

Reliure or sur veau bruni. Tranche dorée, avec écusson imprimé noir, rouge et vert. Contours en creux pointillés. Bibliothèque de Dresde.

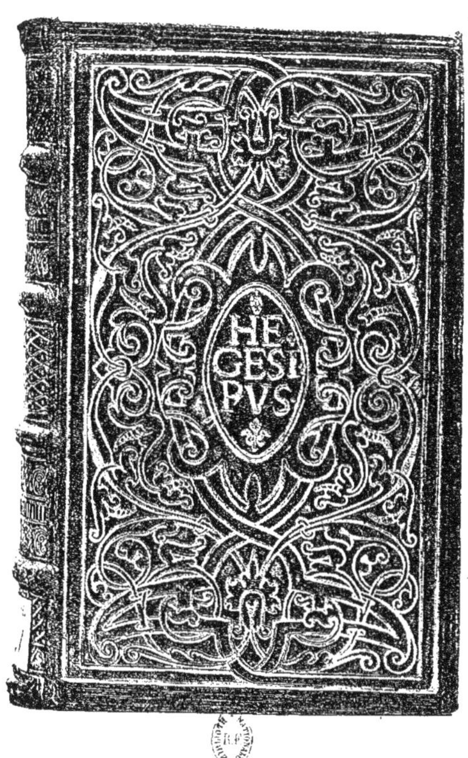
HE
GESI
PVS

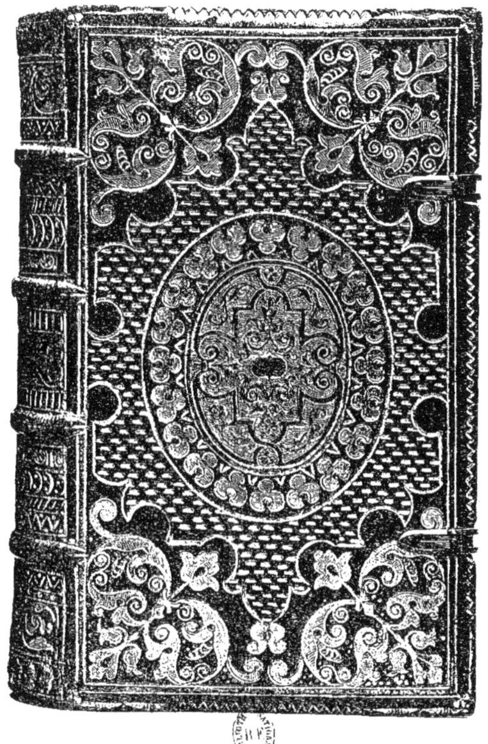

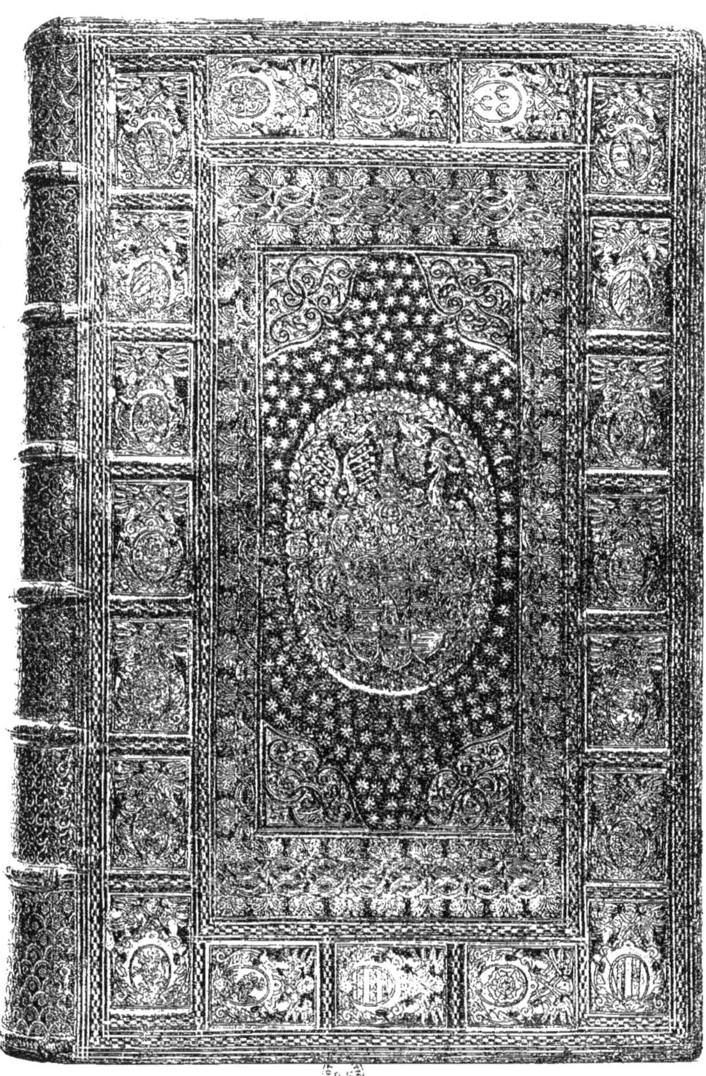

  Planche 4.

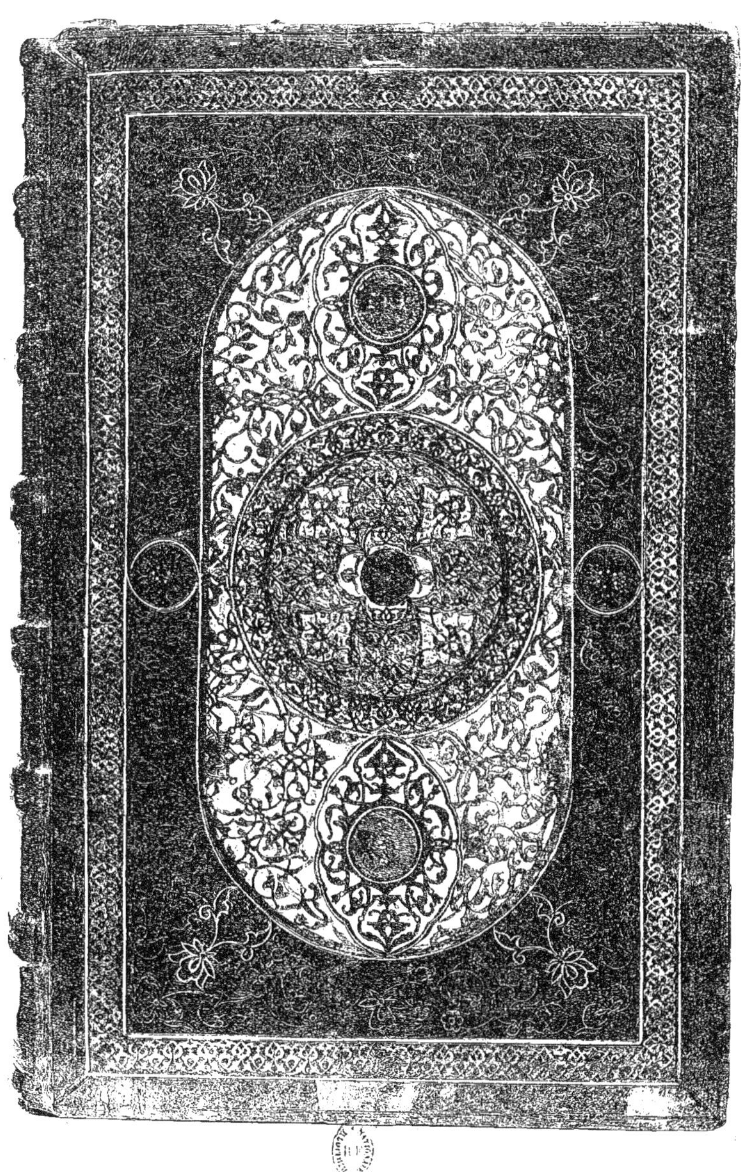

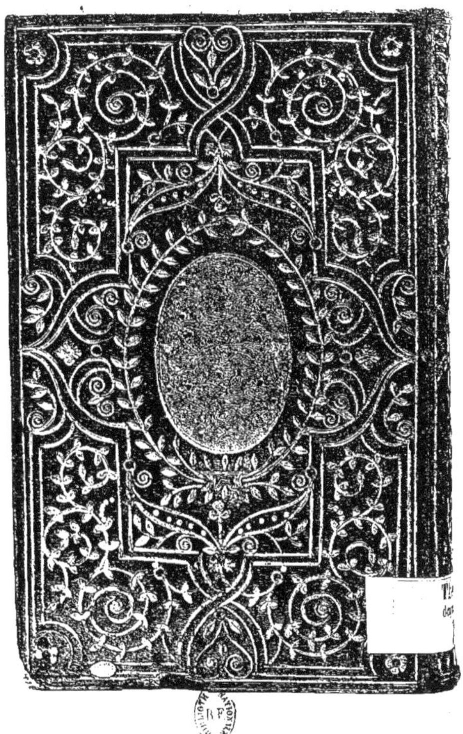

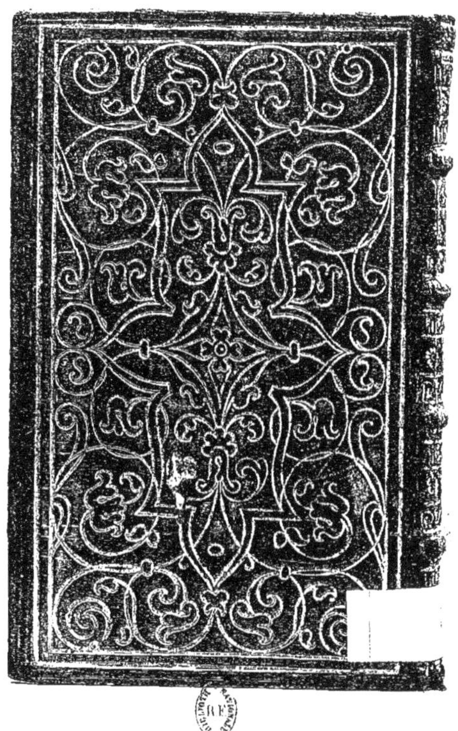

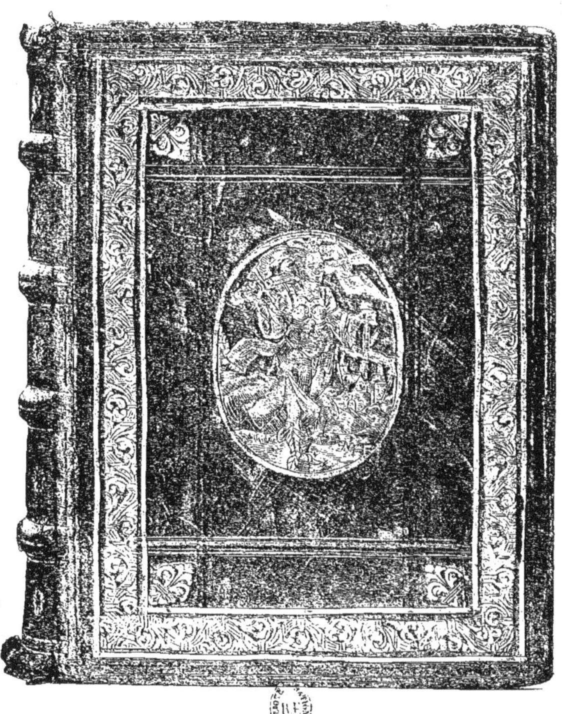

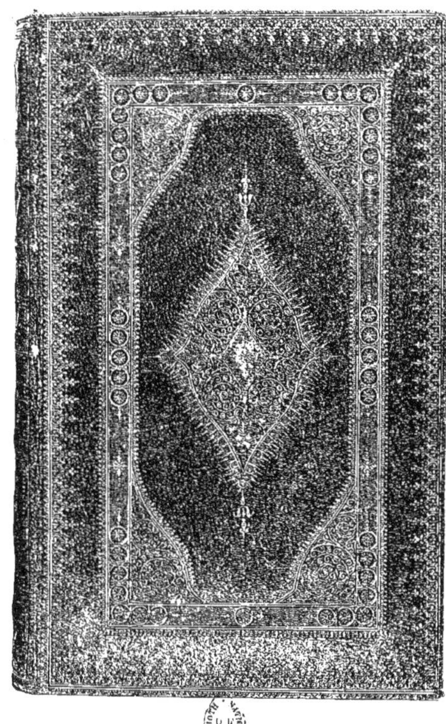

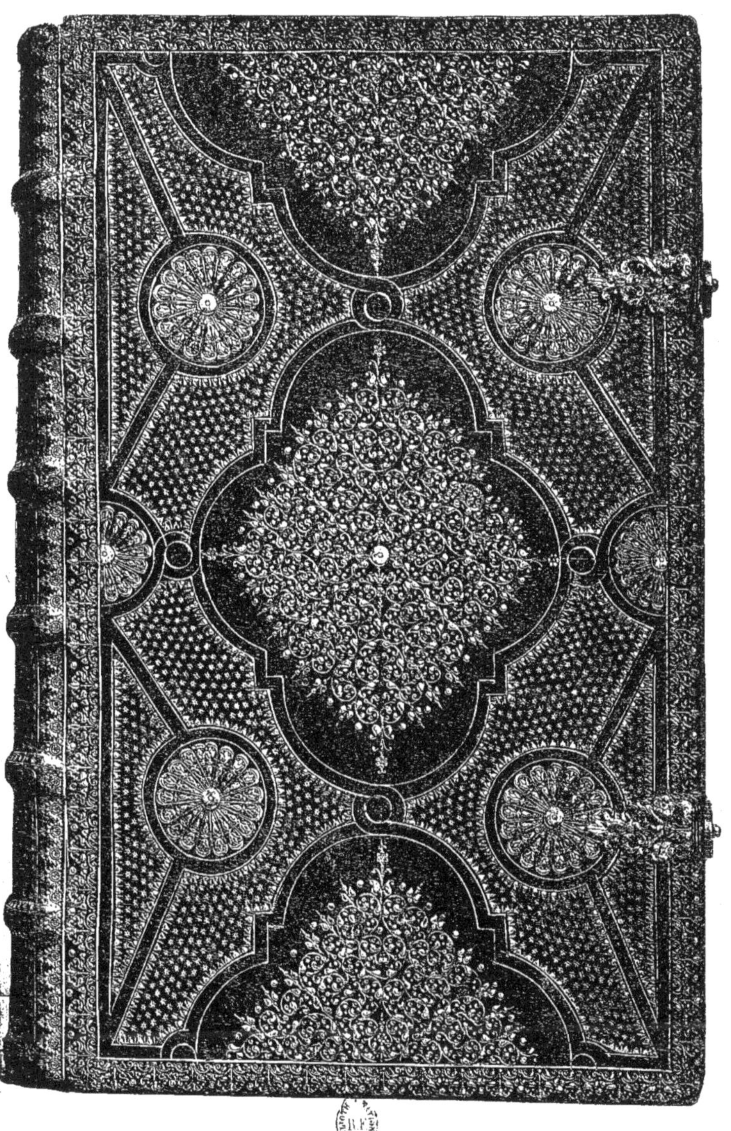

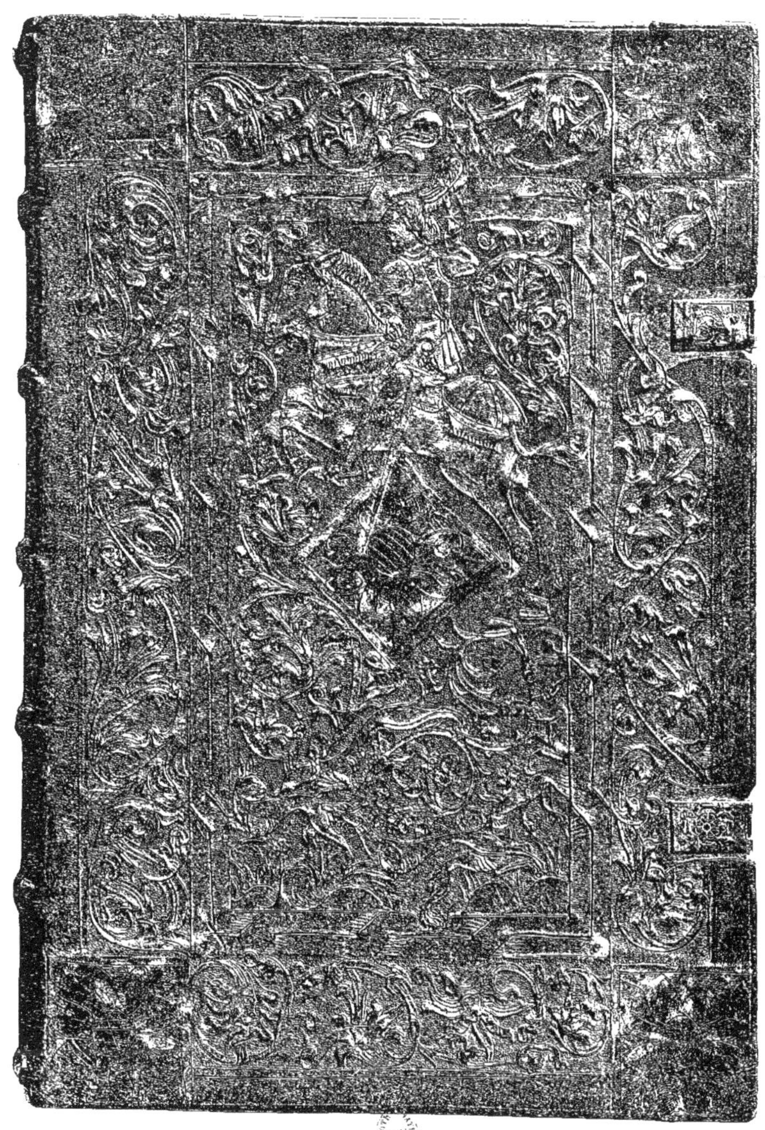

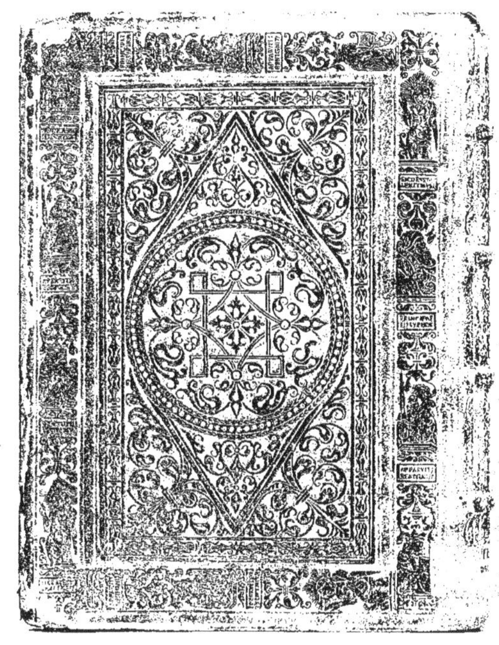

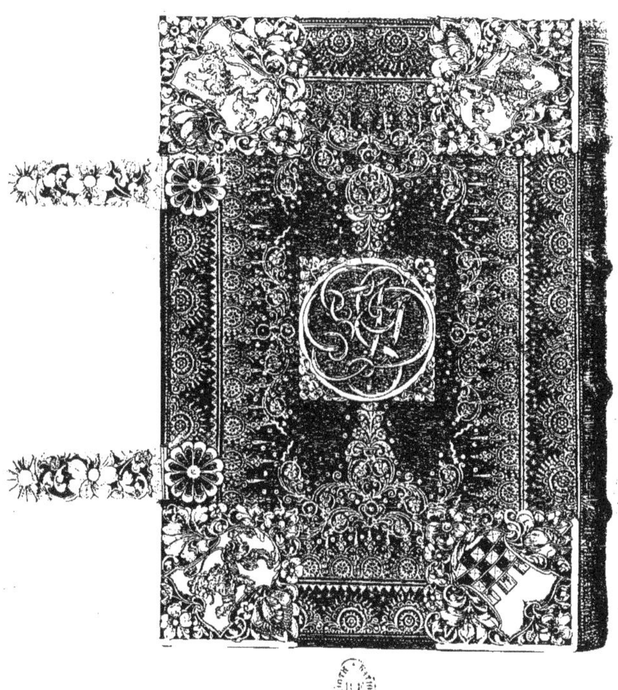

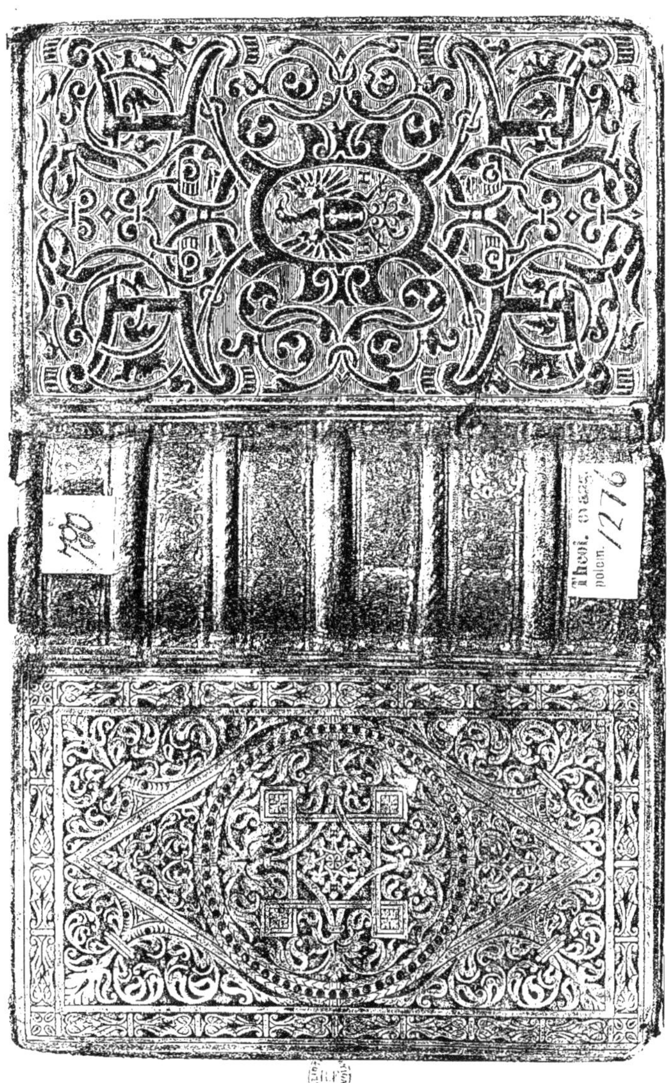

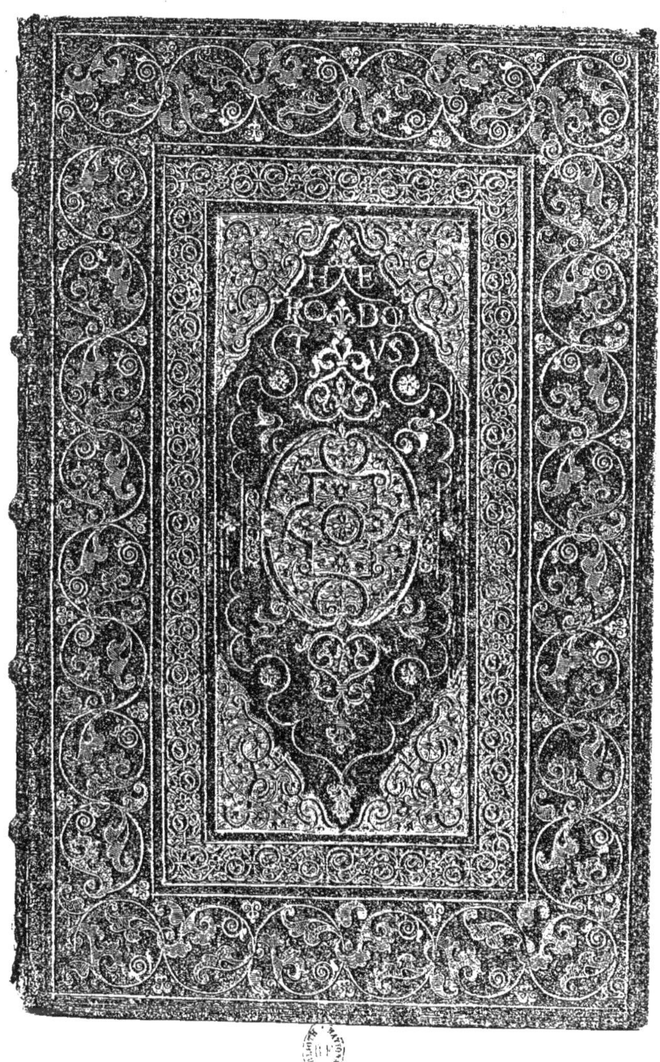

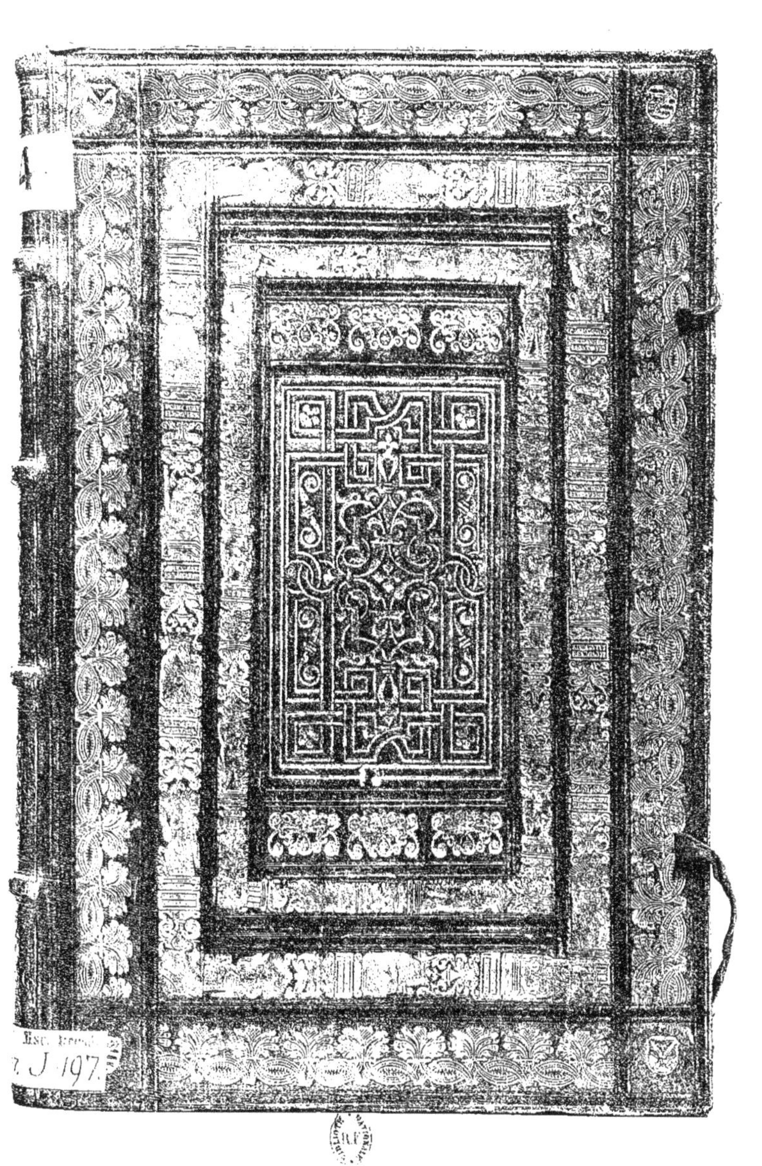

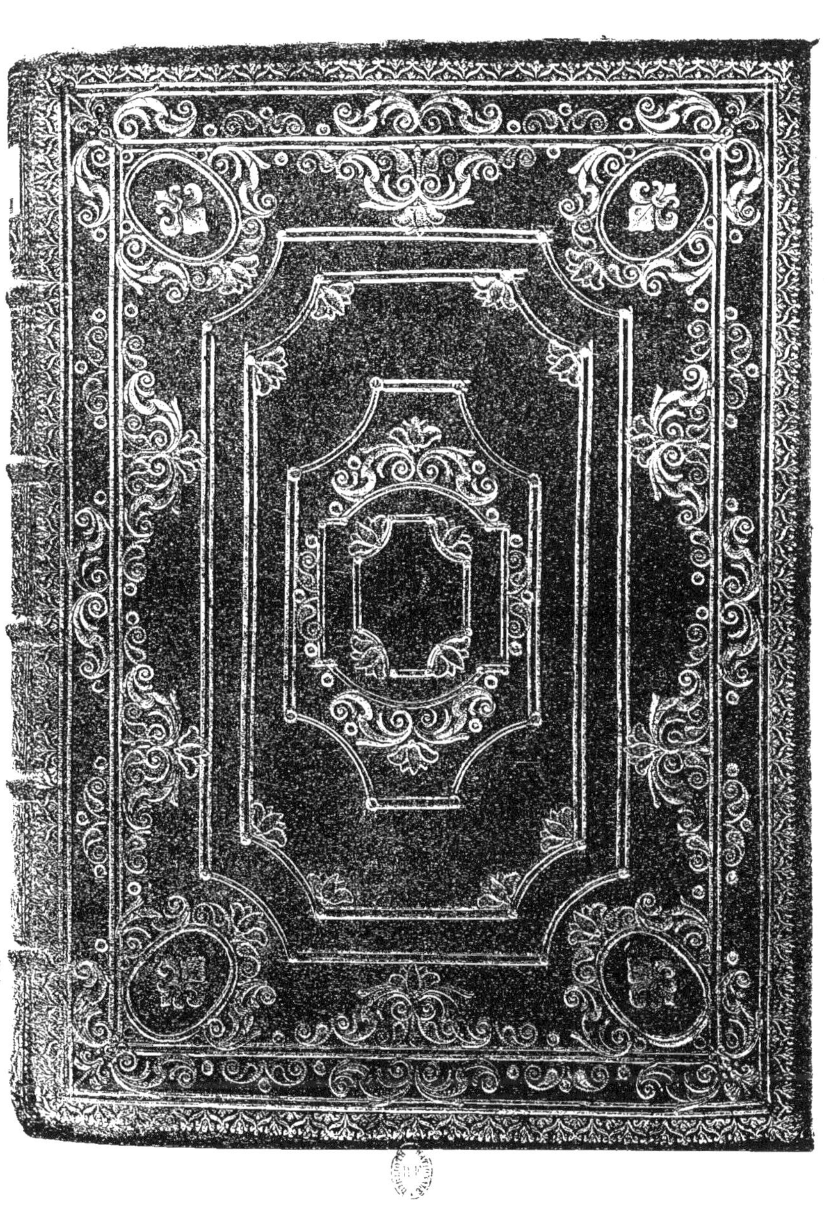

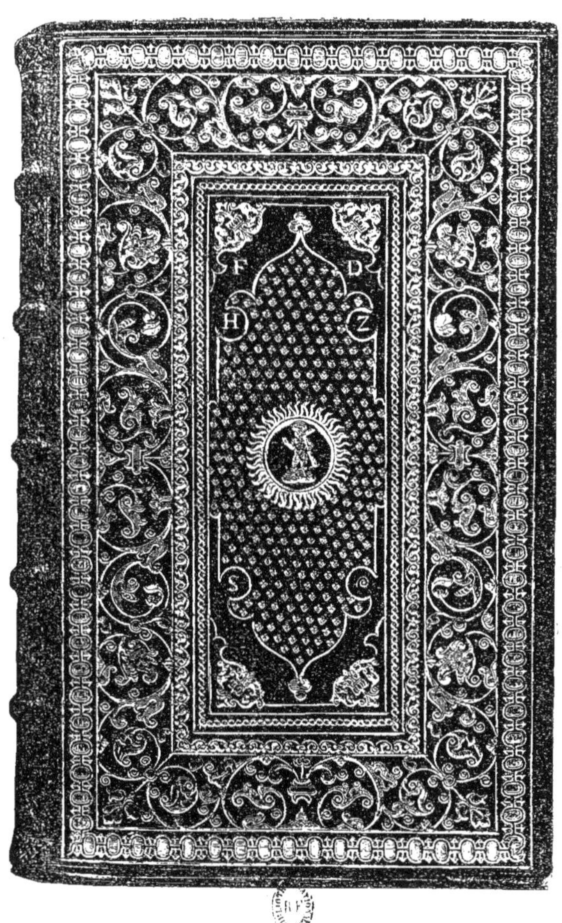

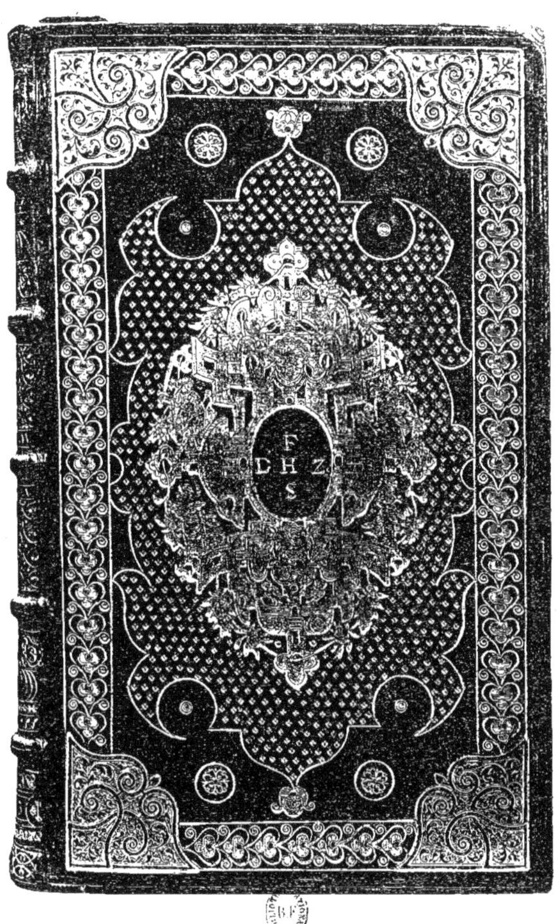

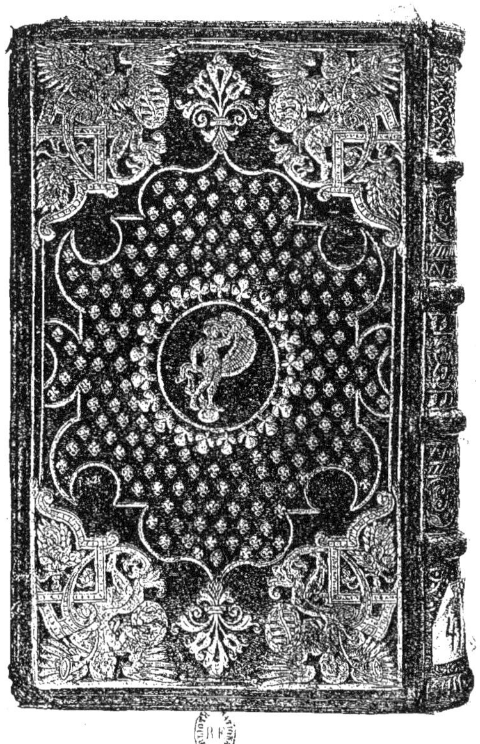

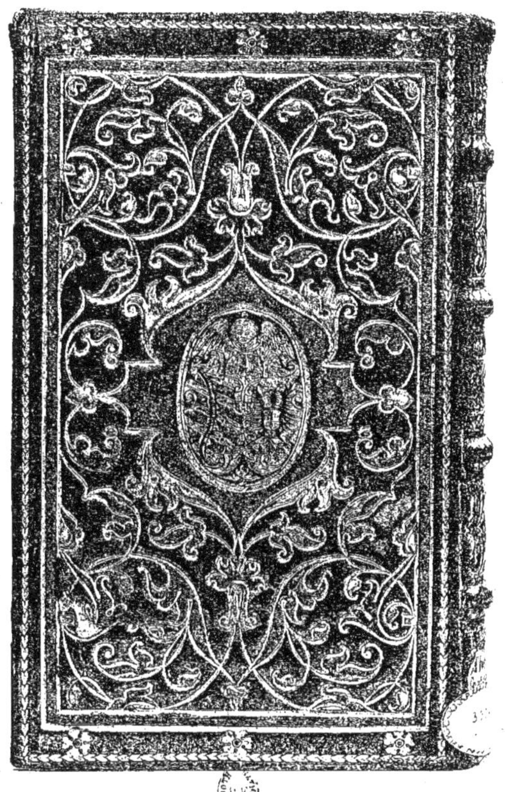

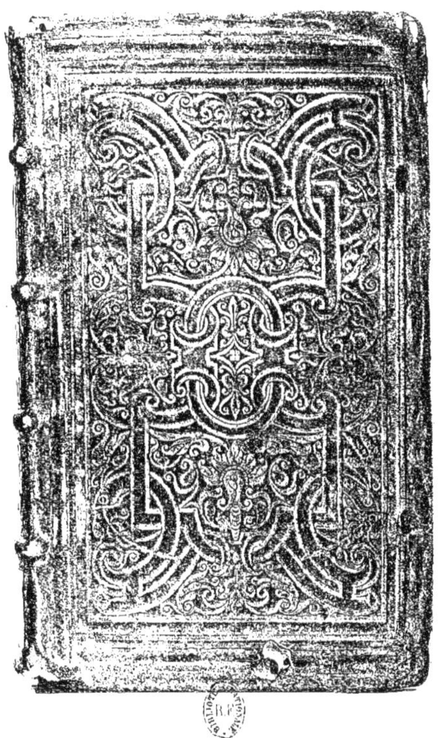

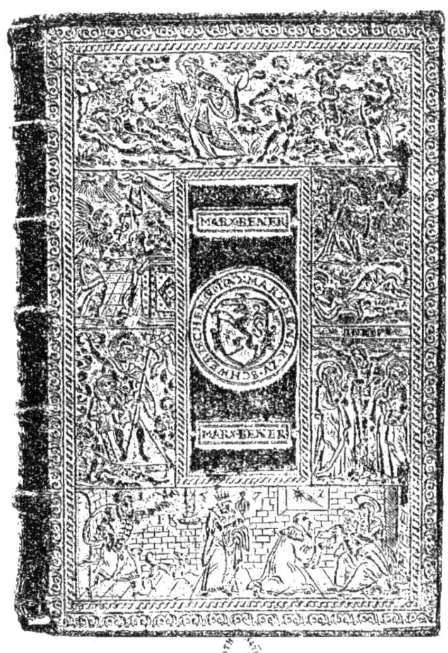

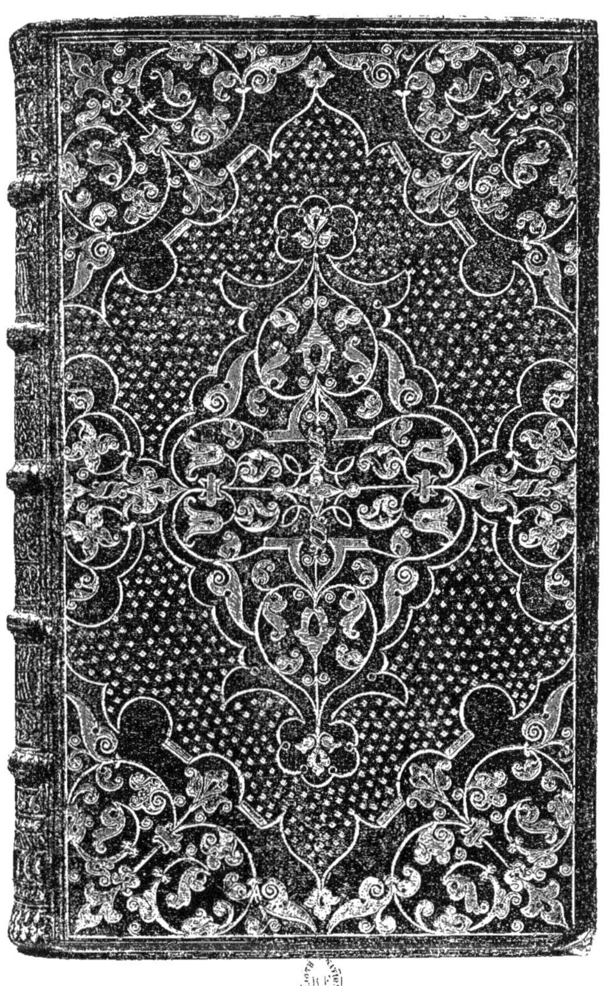

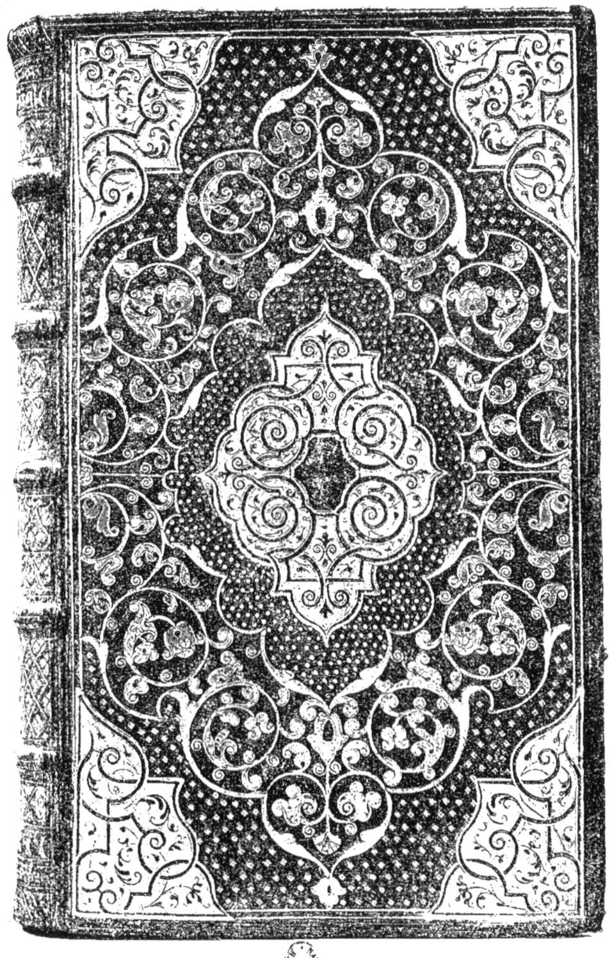

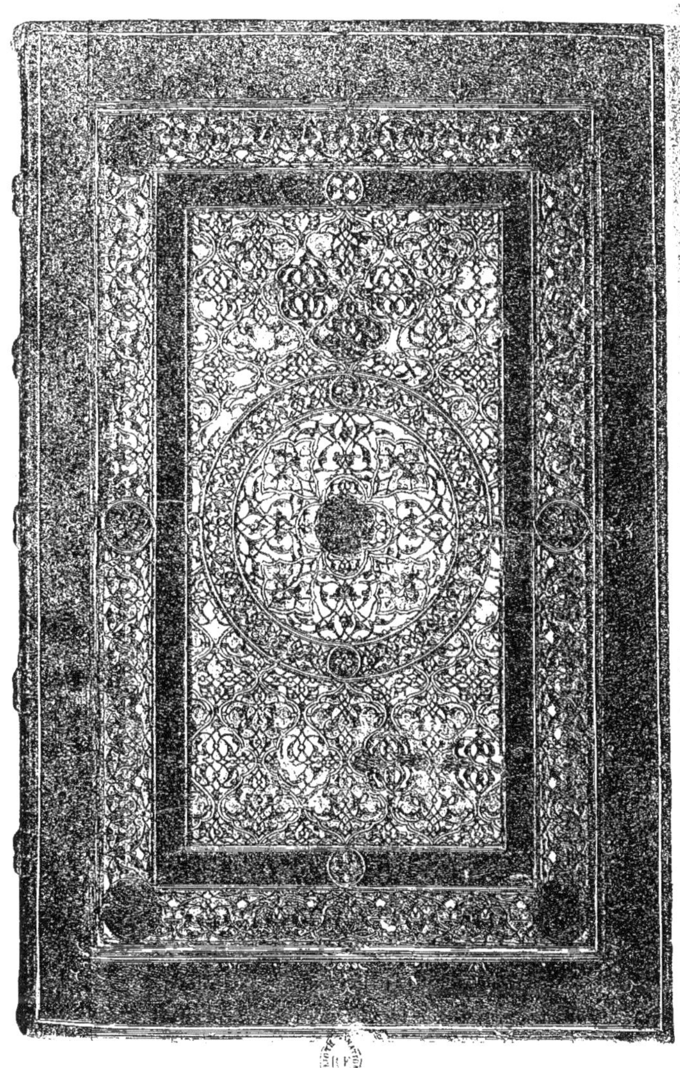

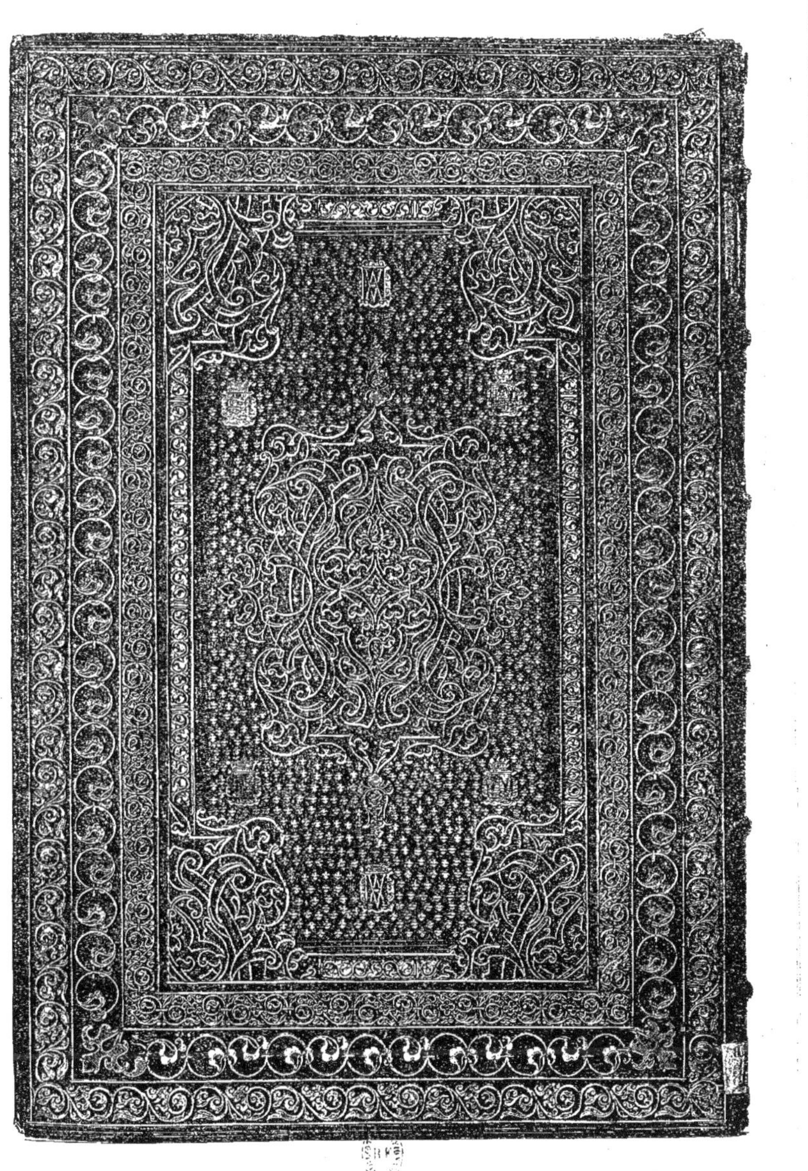

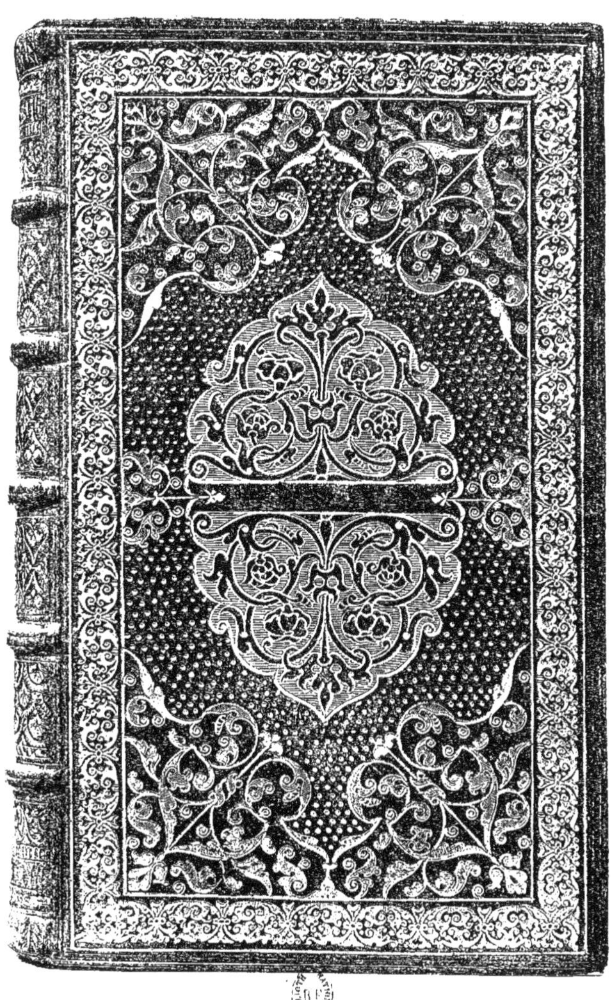

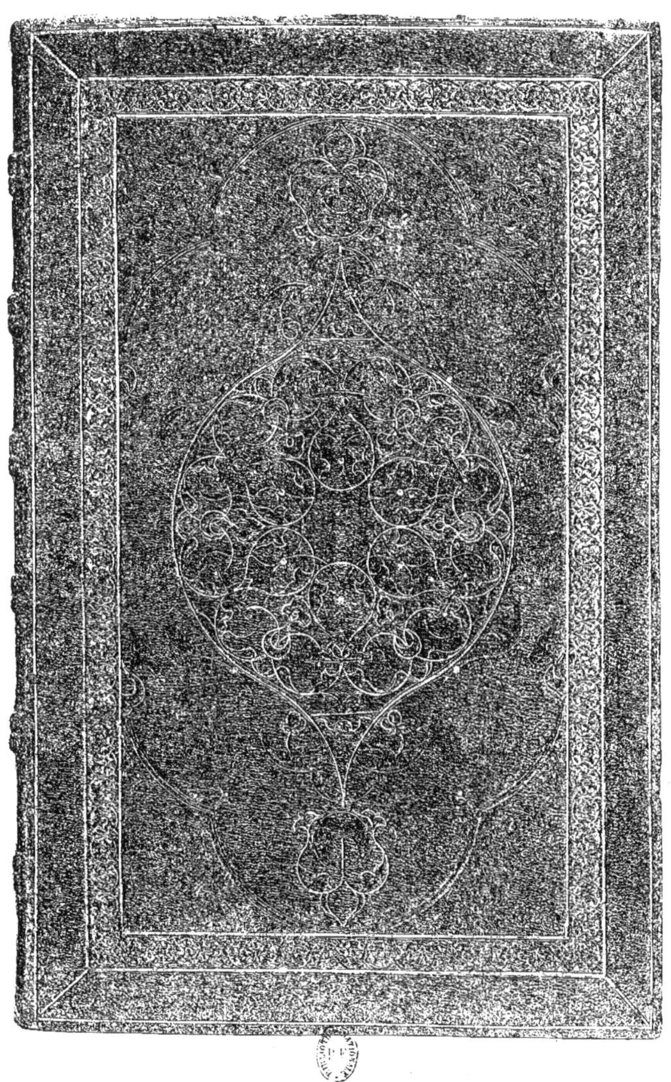

     Planche 29.

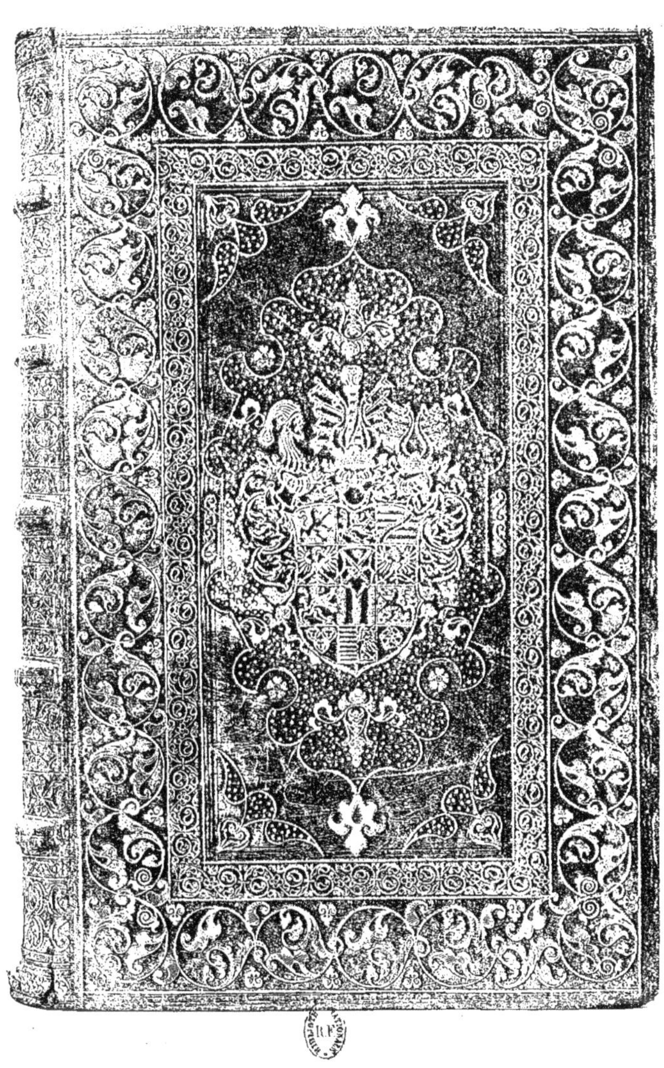

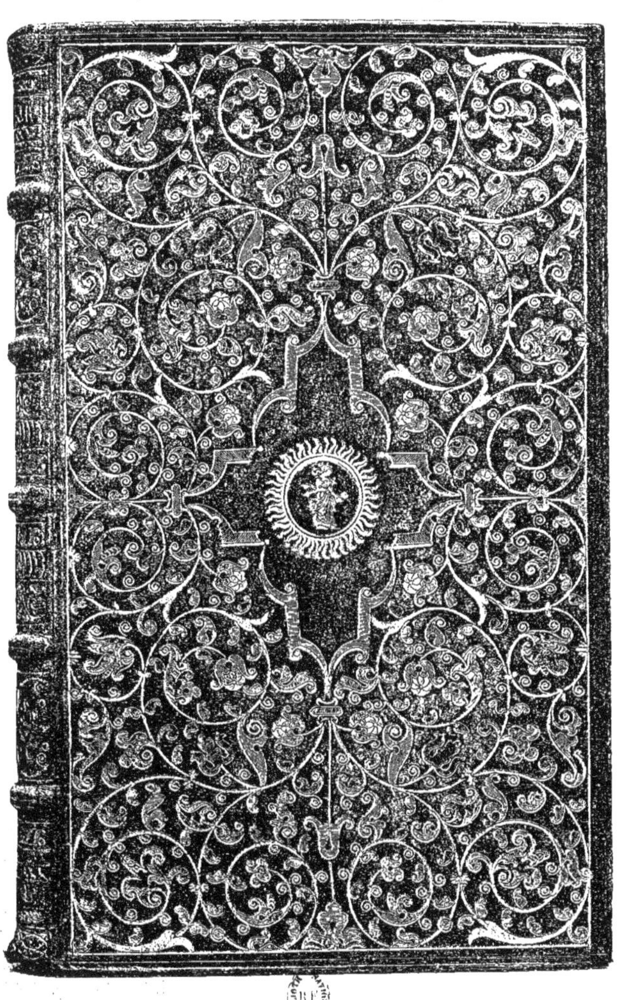

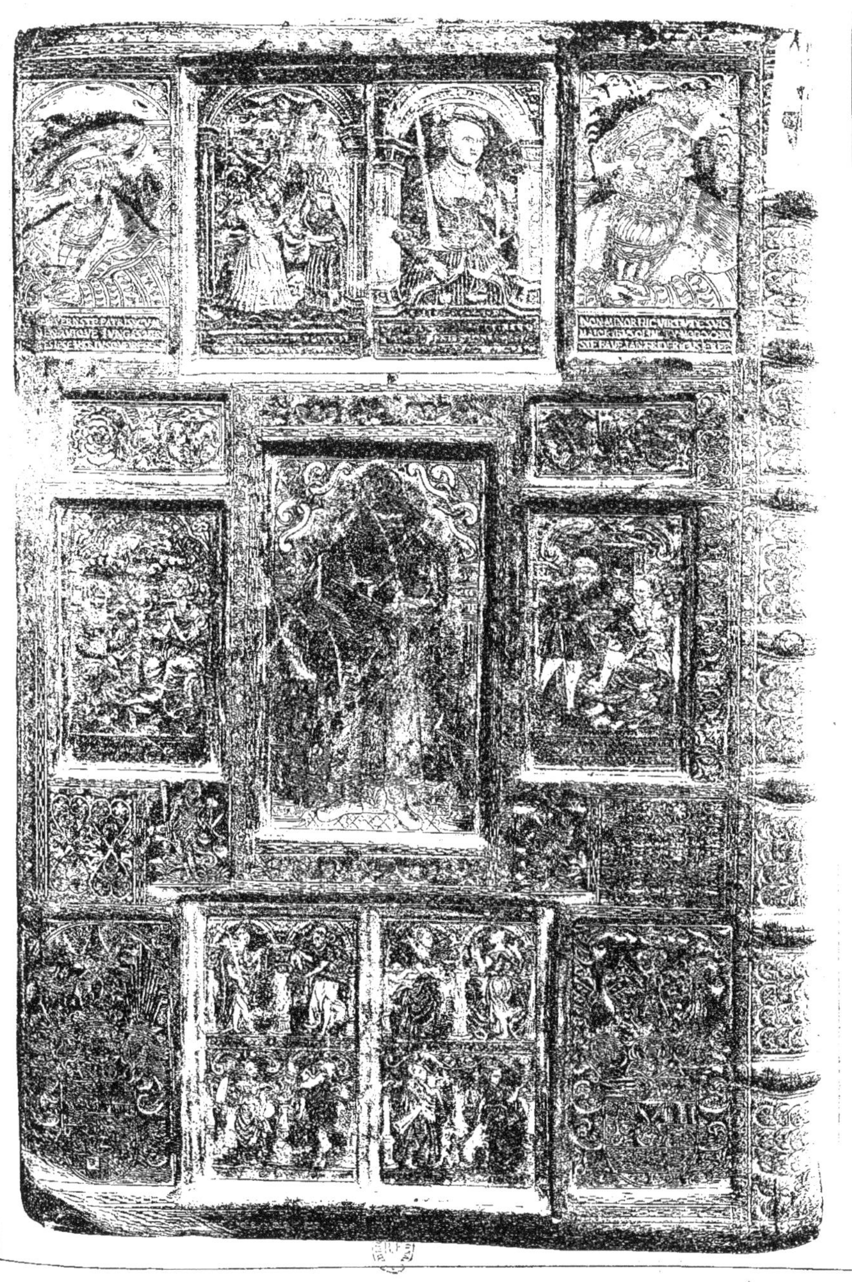

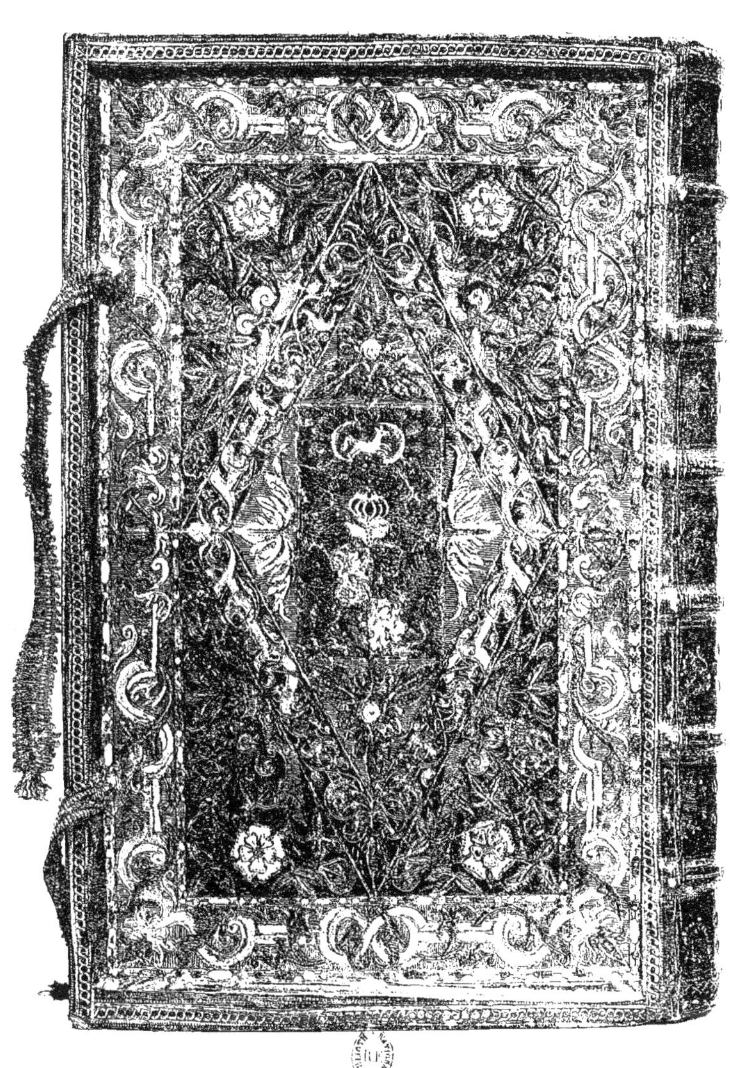

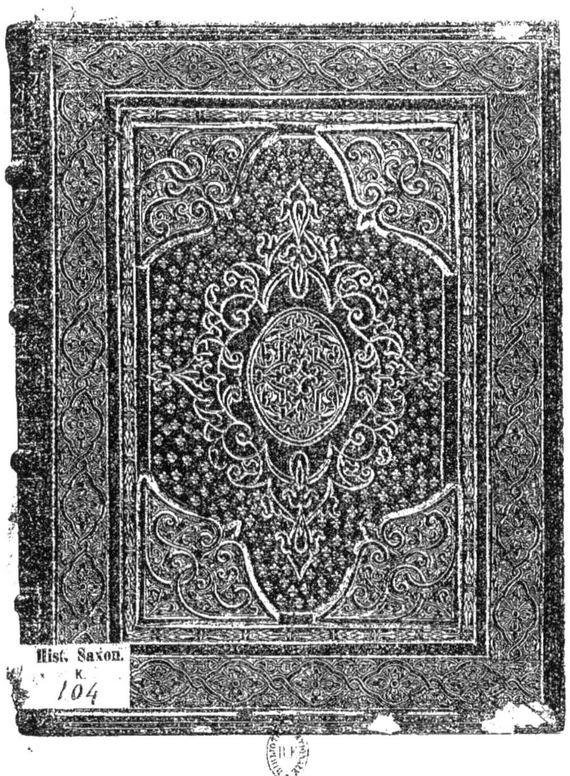
Hist. Saxon.
K.
104

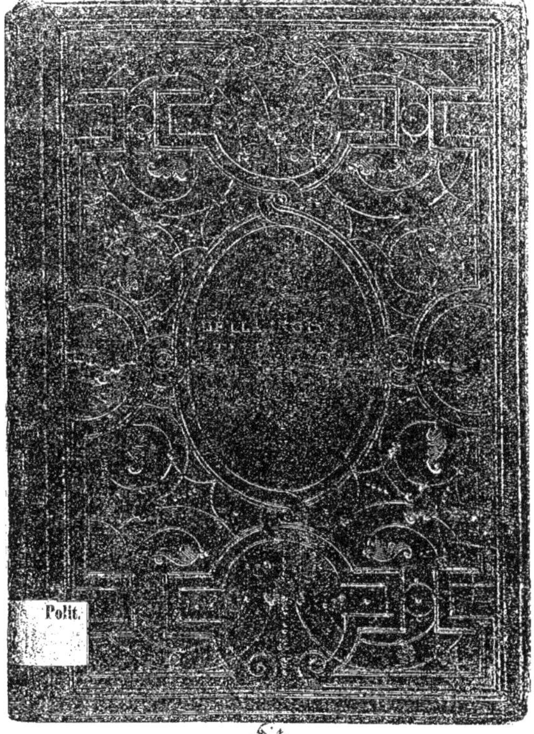
Polit.

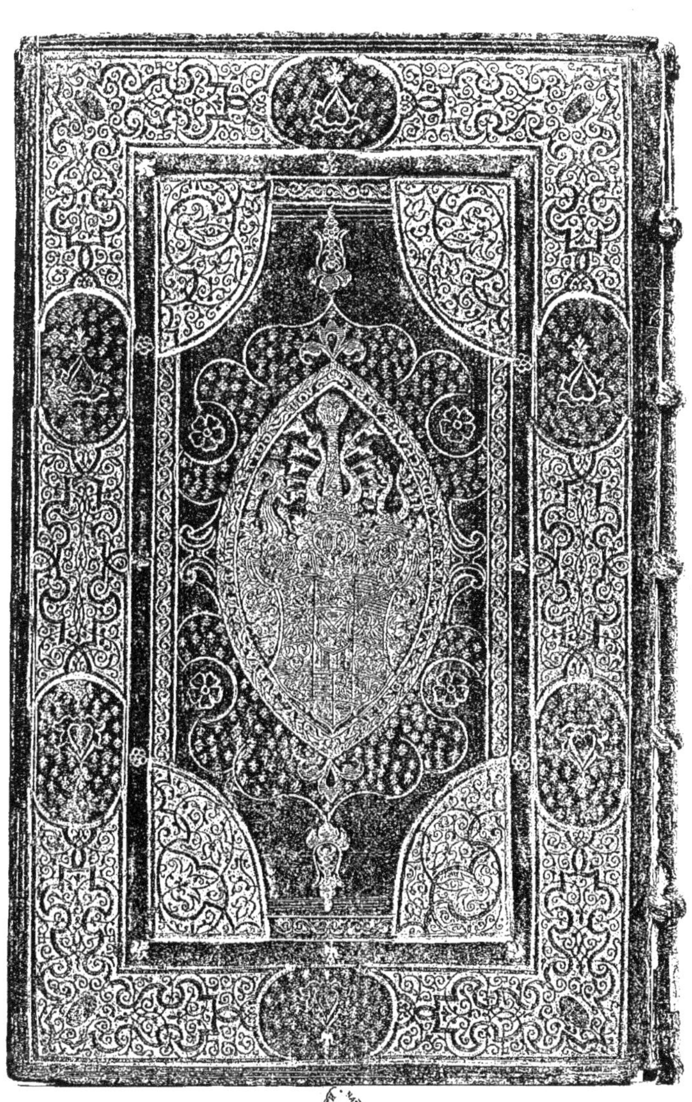

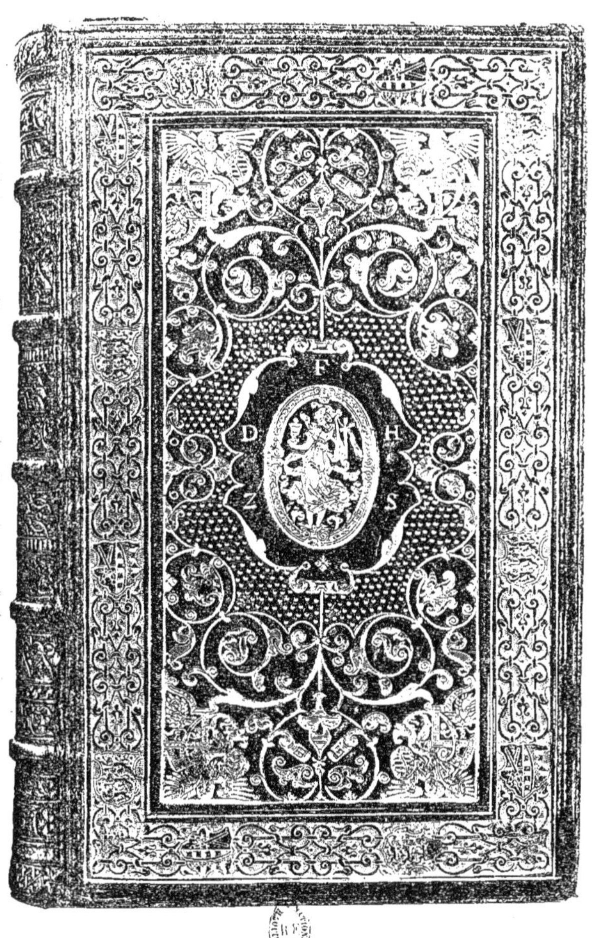

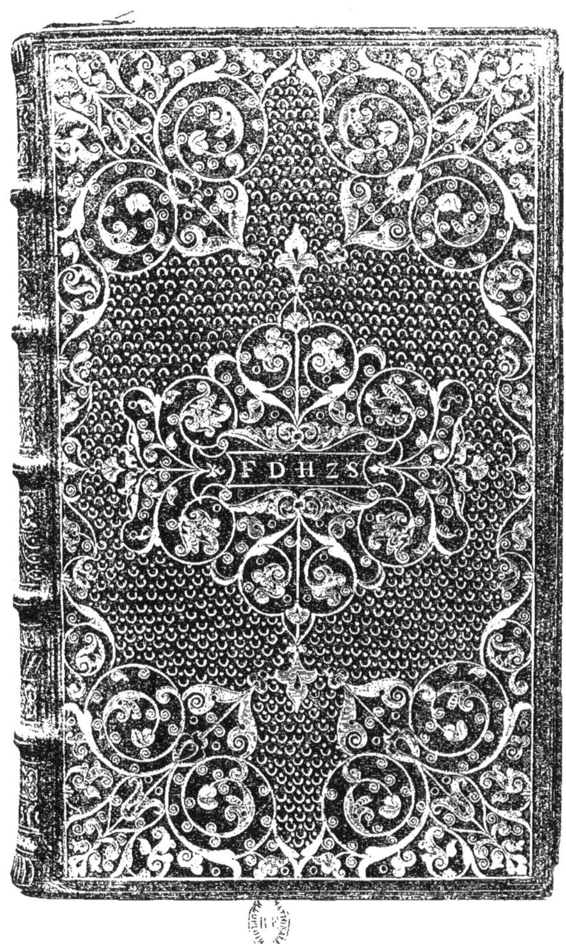
F D H Z S

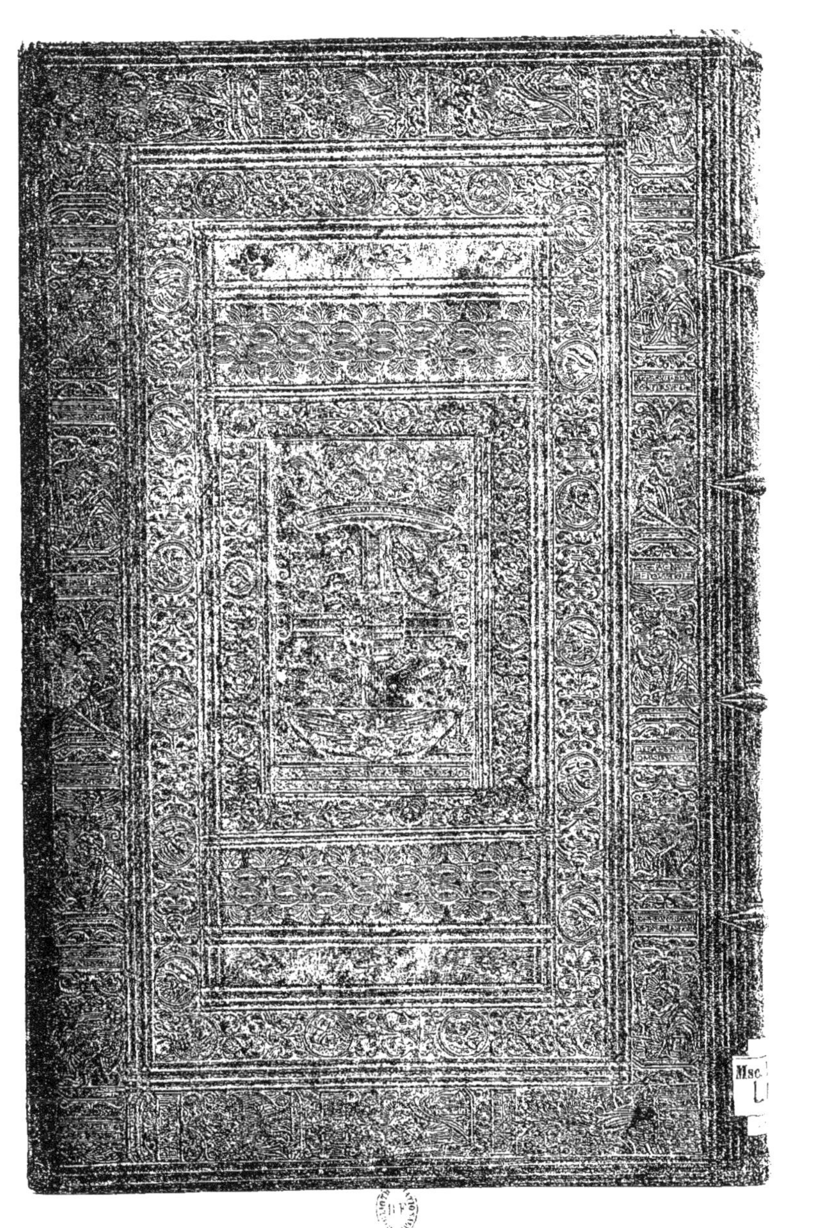

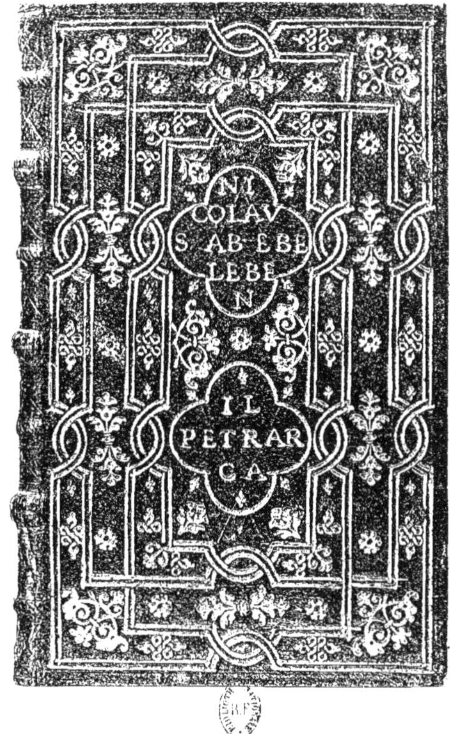
NI
COLAV
S AB EBE
LEBE
N
IL
PETRAR
CA

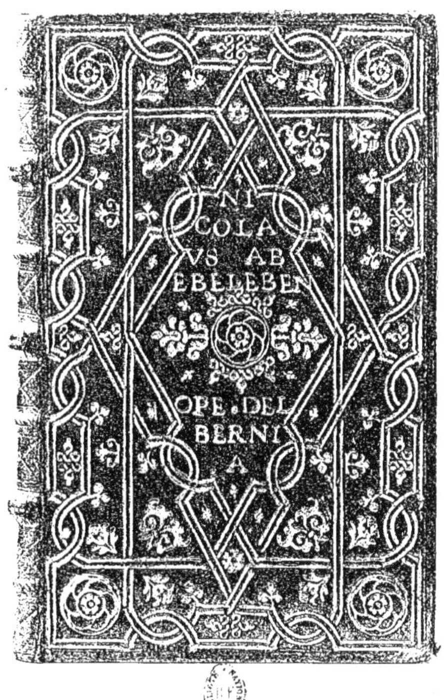
NI
COLA
VS AB
EBELEBEN
OPE DEL
BERNI
A

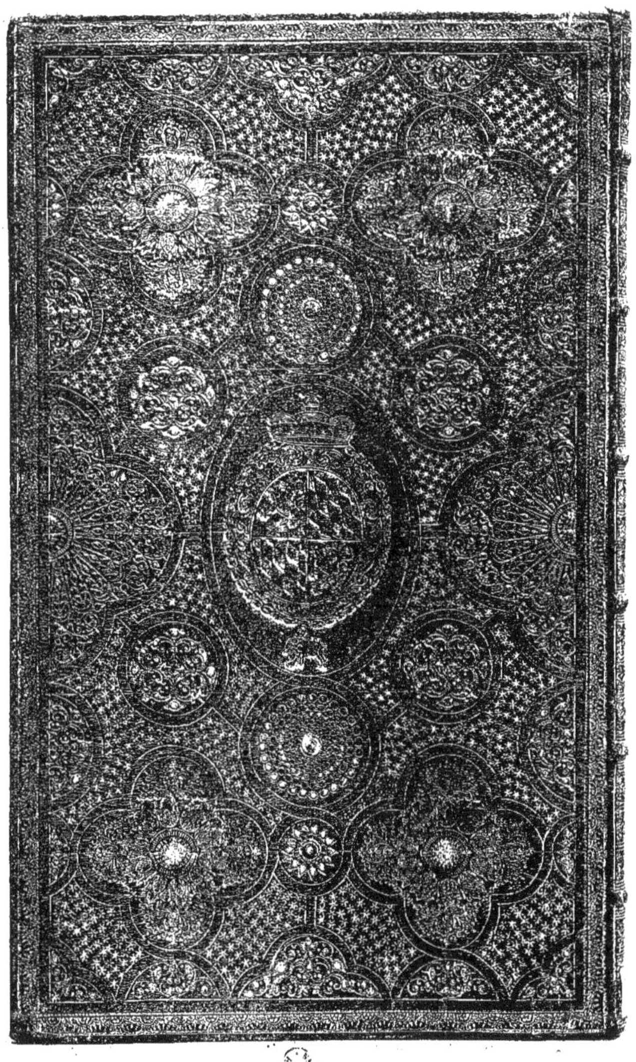

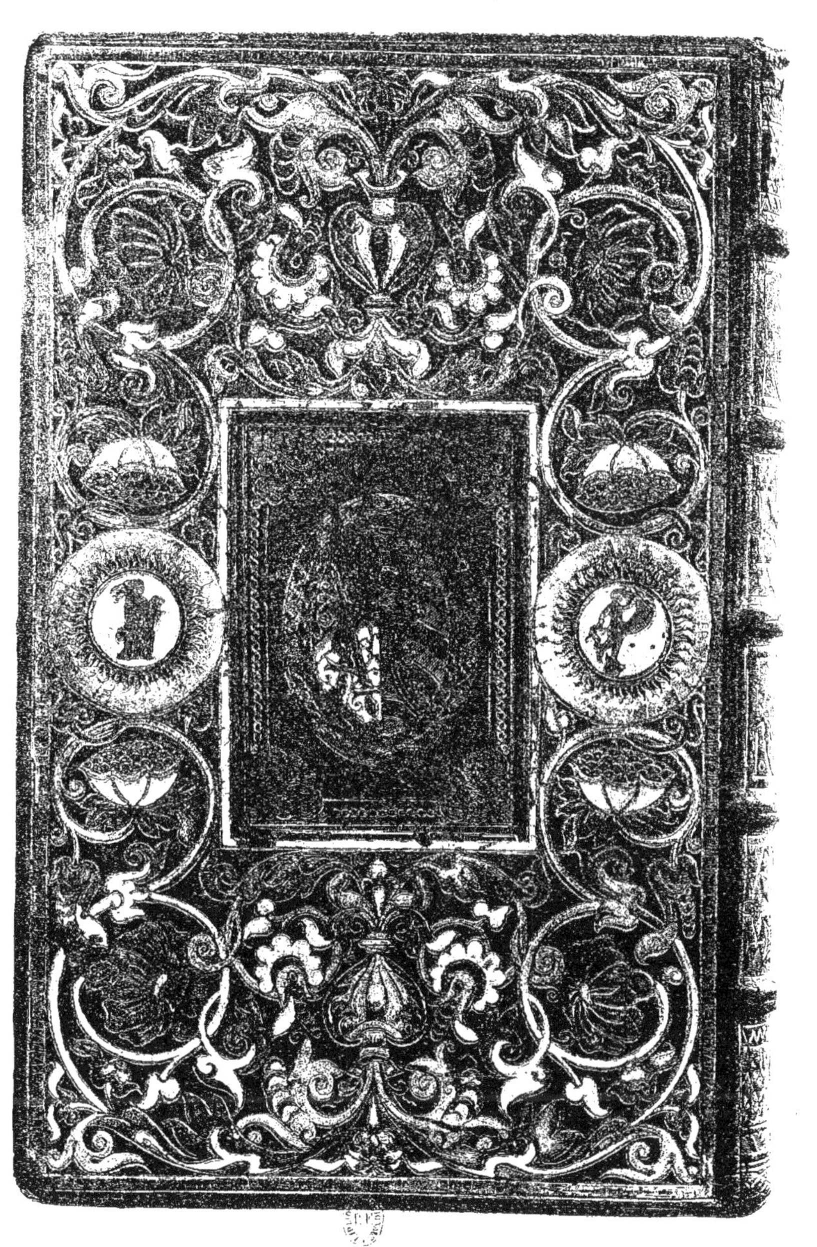

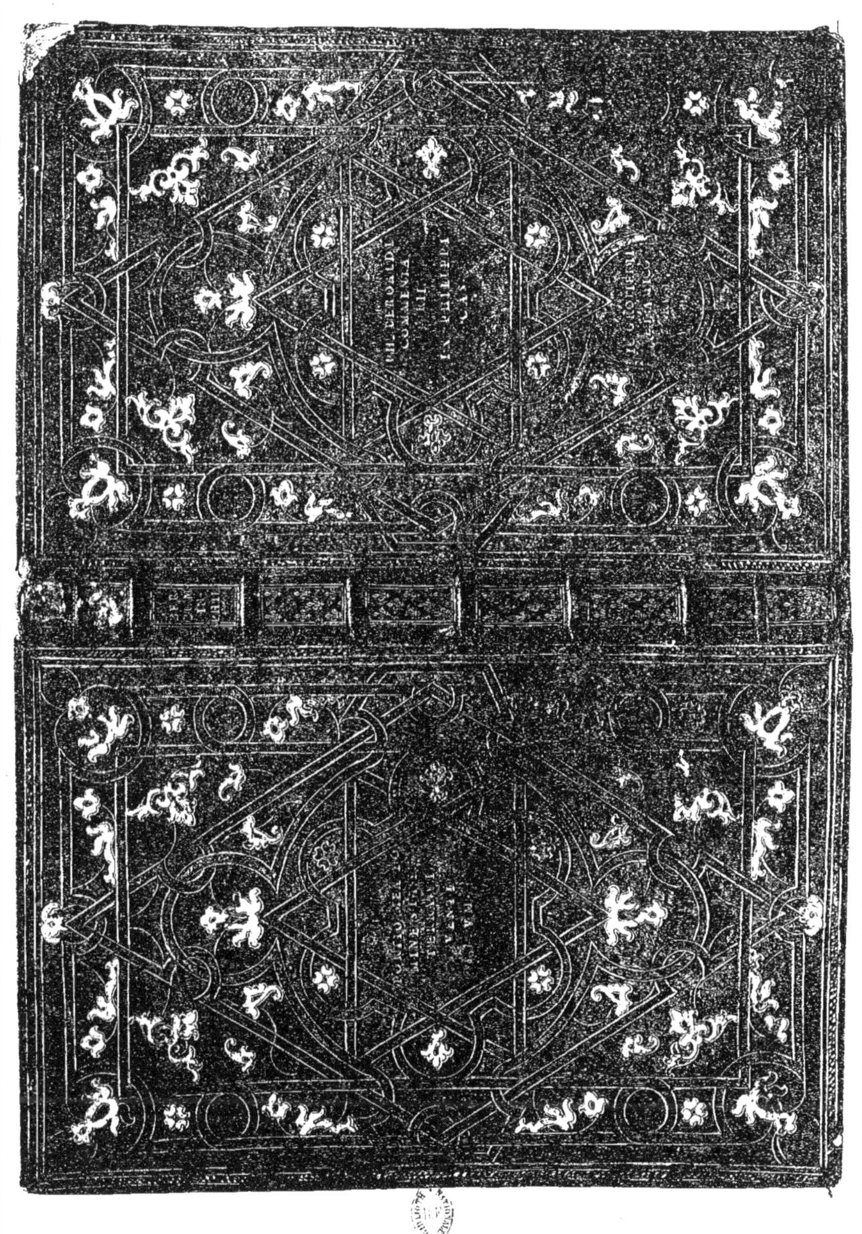

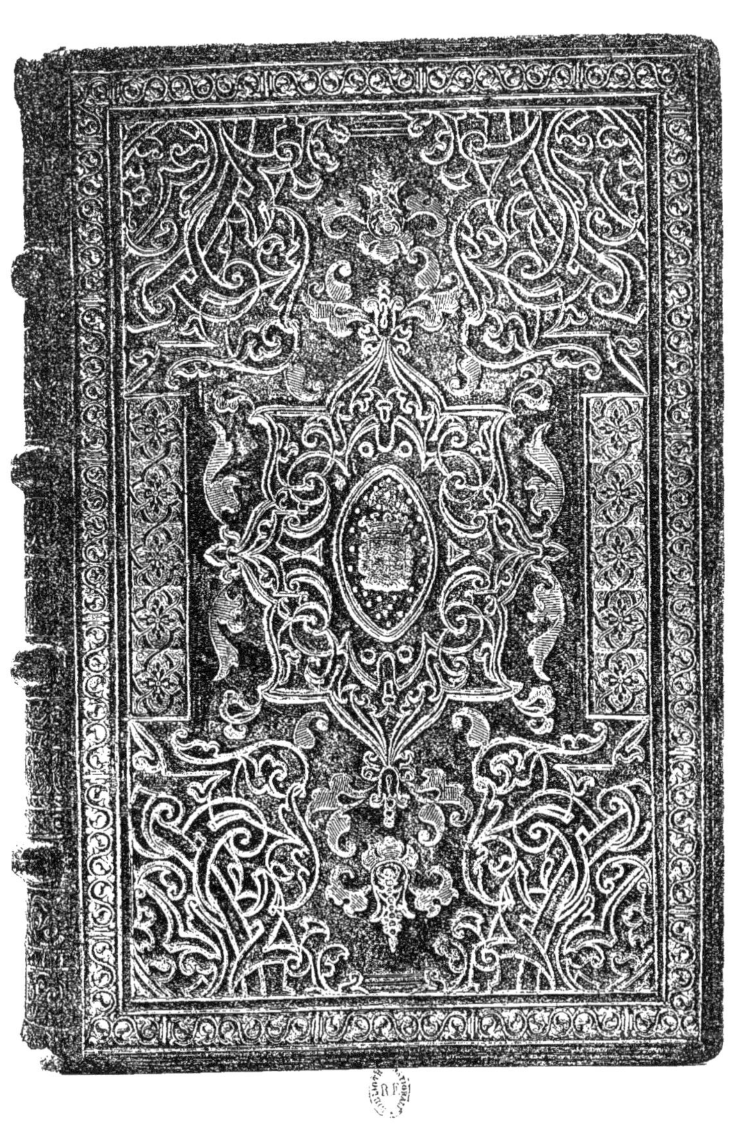

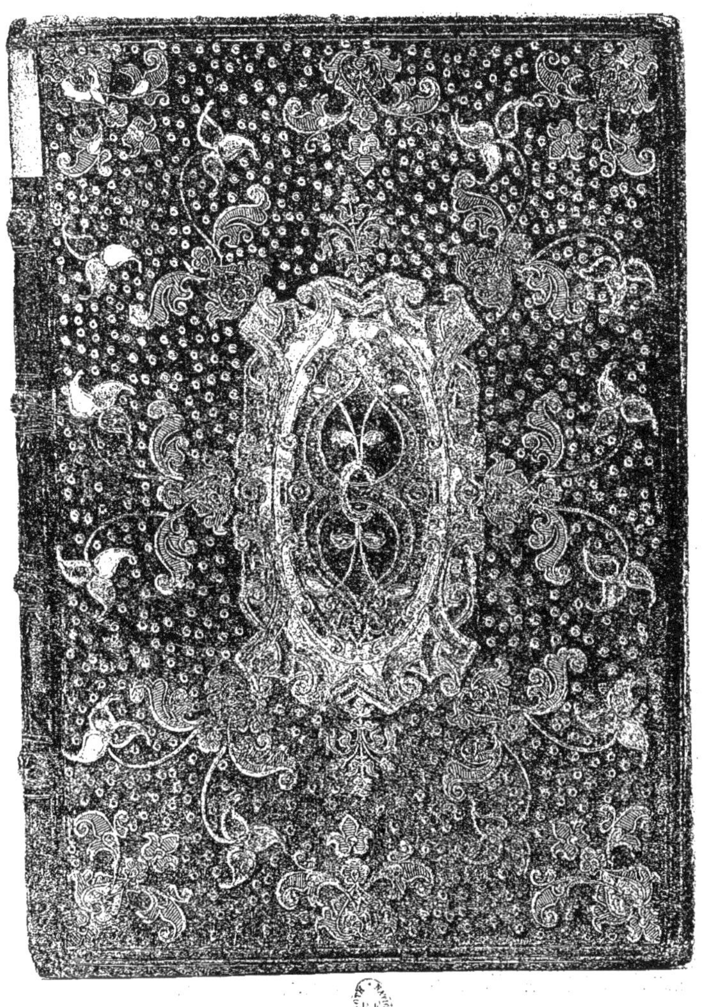

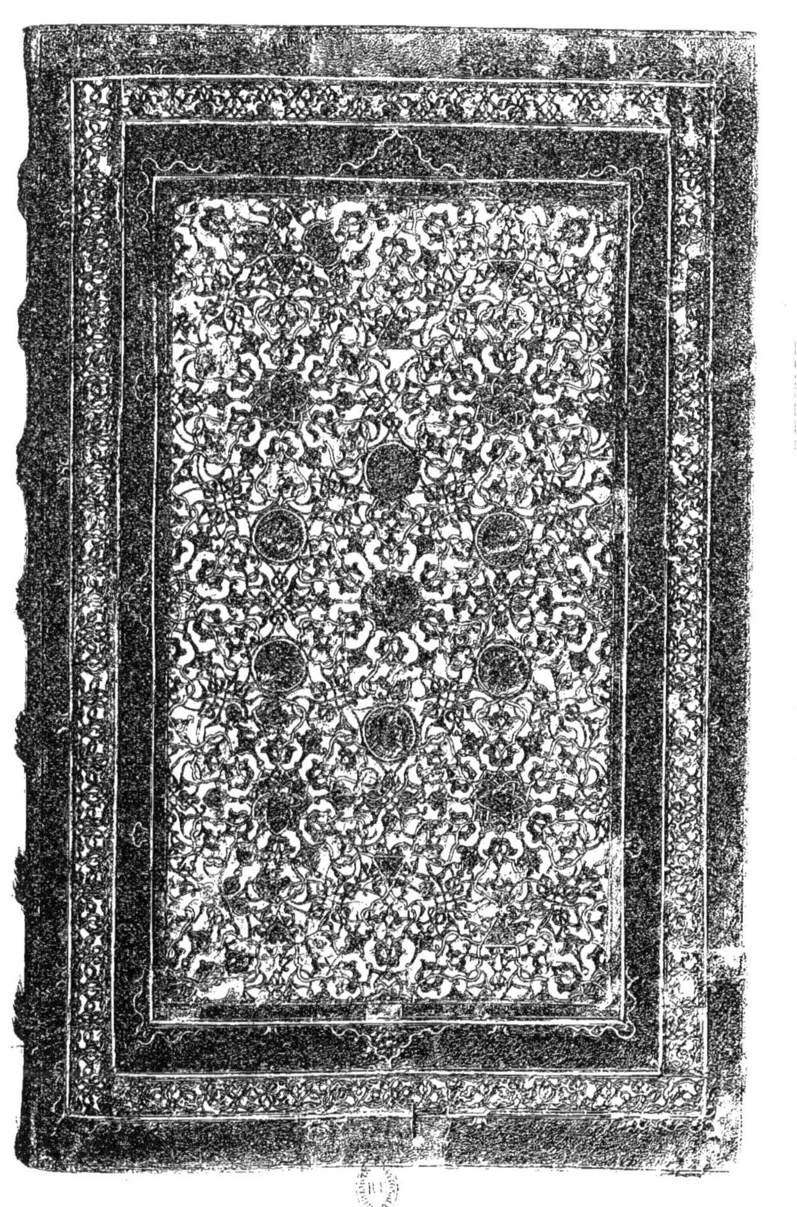

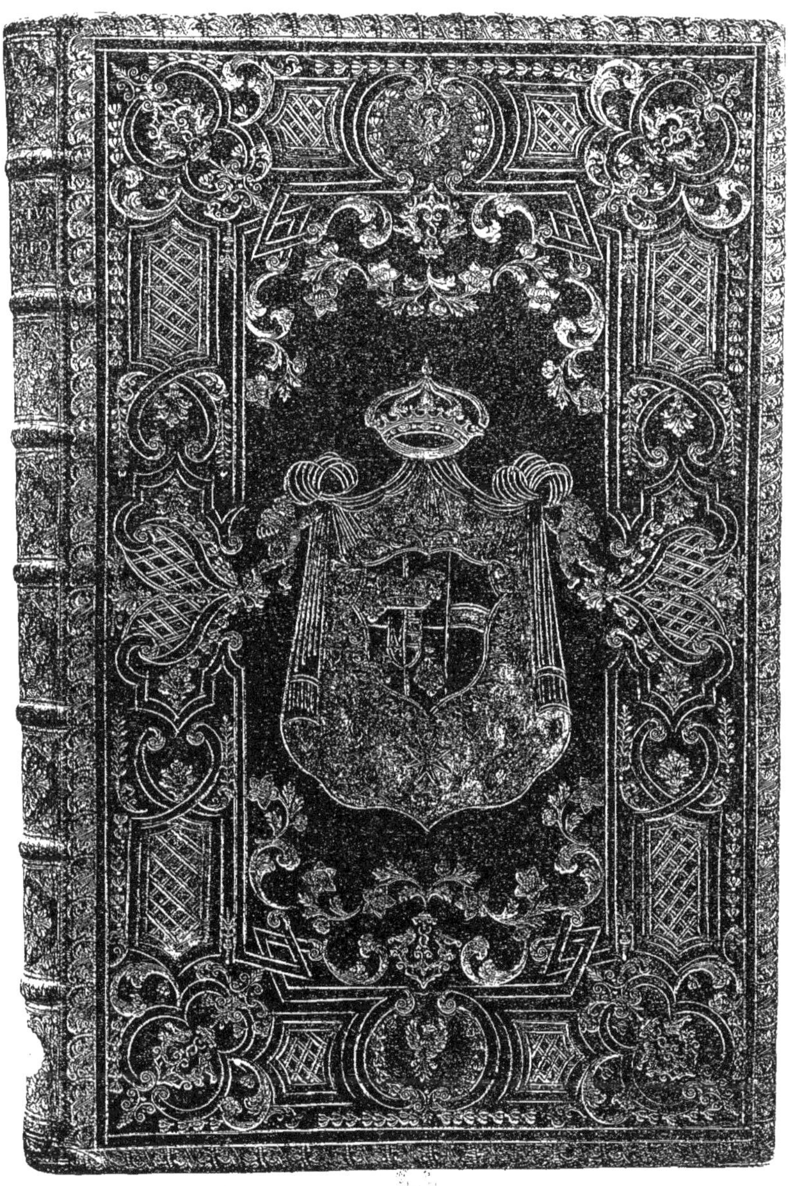

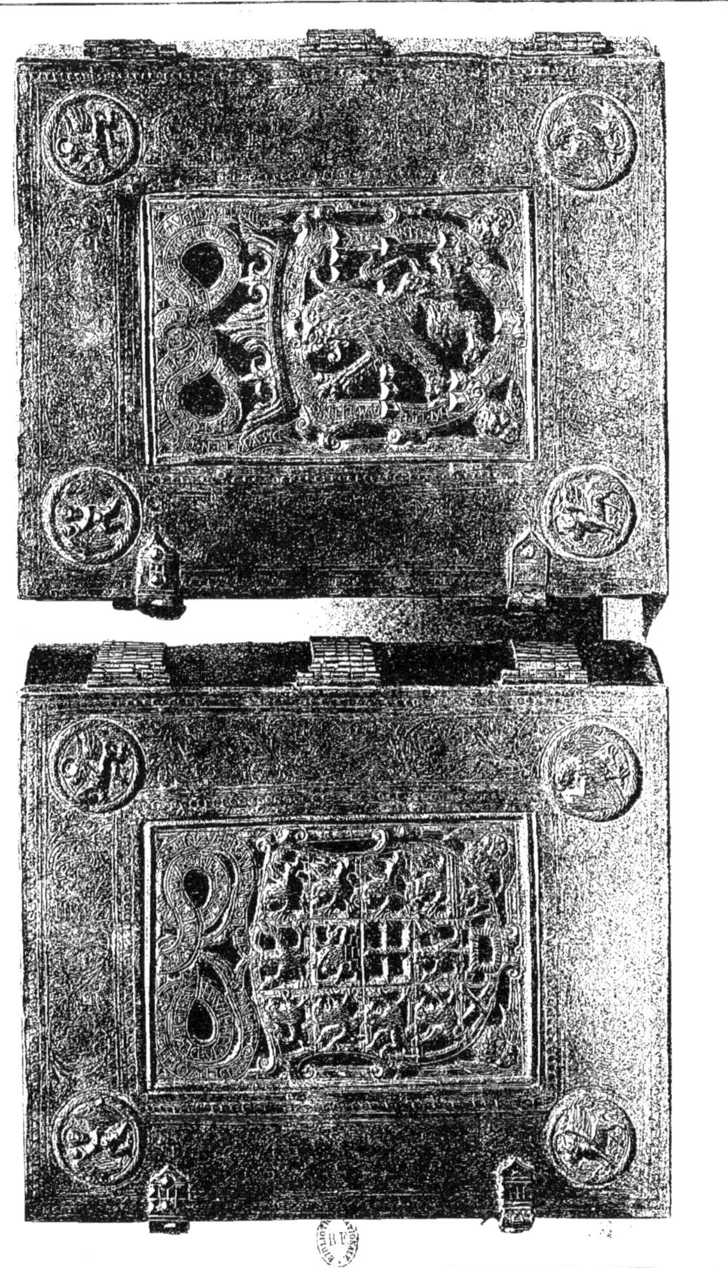

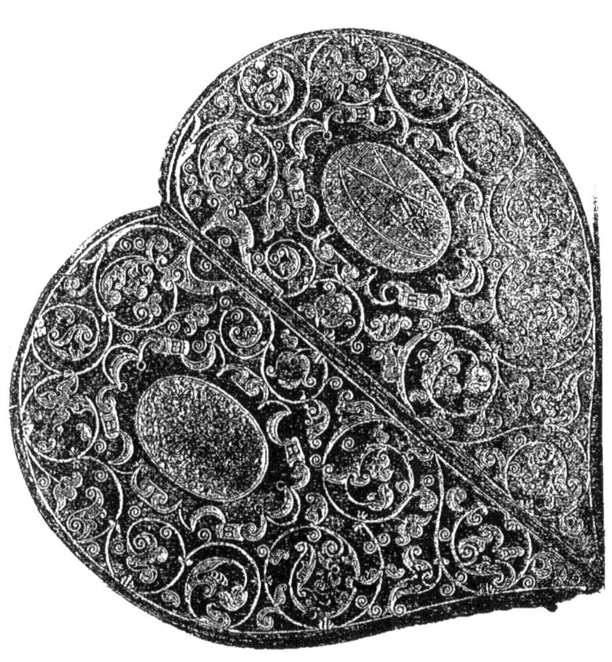

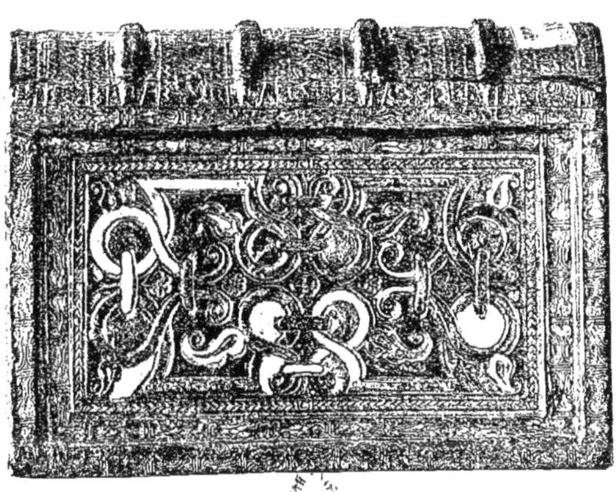

La Dorure sur Cuir

EN ALLEMAGNE

☆ ☆

LA

Dorure sur Cuir

RELIURE, CISELURE ET GAUFRURE

EN ALLEMAGNE

ÉPOQUE MODERNE

Quarante Planches reproduites d'après les Originaux par Sinsel, Dorn et Cᵒ.

et

QUARANTE-HUIT SPÉCIMENS DE TONS DE MAROQUIN, AVEC INDICATION DE LEUR EMPLOI

Texte explicatif par Johannes Maul, Maître-Relieur

PARIS

Librairie des Beaux-Arts appliqués à l'Industrie

ÉDOUARD ROUVEYRE

45, RUE JACOB, 45

Ce n'est qu'avec une certaine hésitation que nous nous sommes décidés à entreprendre la publication de cet ouvrage, les tentatives faites par divers auteurs allemands ont toujours été arrêtées à leur début ou ont échoué, presque sans exception, faute d'amateurs de ce genre d'ouvrages.

On serait tenté d'en conclure que, au point de vue artistique, surtout en ouvrages à la main, la reliure Allemande ne peut rien fournir de convenable, puisque les publications analogues Anglaises et Françaises ont eu un succès presque toujours général. Mais ce succès est dû principalement à l'appui et aux encouragements qu'ont trouvé ces publications Françaises et Anglaises dans leur propre pays; aussi pouvons-nous dire que l'insuccès des ouvrages allemands ne tient nullement à leur infériorité.

Dans toutes les branches de l'industrie artistique allemande, il s'est opéré, pendant ces dix dernières années, un changement heureux dans le style et la forme des ornements; ce puissant mouvement s'est fait sentir également dans la reliure allemande, et on peut affirmer que cette influence a eu les meilleurs résultats.

Il est sorti des ateliers de reliure allemands une grande quantité de chefs-d'œuvre qui promettent un succès pour l'avenir. Malheureusement ces produits, pour la plupart présents d'honneur ou cadeaux d'anniversaire, sont dispersés dans les mains de particuliers, et ne sont plus, dès lors, accessibles qu'à un petit nombre d'amateurs. Le désir de faire connaître ces ouvrages, afin qu'on puisse juger du mérite de leur reliure, nous a décidés à publier, non pas des modèles, mais les reliures mêmes déjà exécutées; aussi comptons-nous sur le succès de notre publication, certains d'avoir rendu un réel service à cette industrie.

En terminant nous tenons à exprimer nos sentiments de gratitude aux personnes qui ont bien voulu mettre leurs ouvrages à notre disposition pour cette publication; nous remercions aussi nos collègues qui ont apporté, par le prêt de leurs ouvrages, leur gracieux concours à cette publication.

JOHANNES MAUL, HANS FRIEDEL.

TEXTE EXPLICATIF

1. Portefeuille, servant d'enveloppe à une lettre de citoyen d'honneur de la ville de Leipzig.

Modèle dessiné par H. FRIEDEL, architecte; exécuté à la main par Jules HAGER (Johs. Maul), relieur. Format : 60,5 × 46,5.

Fond maroquin brun n° 27, avec applications de bandes rouges, maroquin n° 5. Les ornements clairs, impression or, les ornements foncés, impression brun foncé. Sur le champ du milieu placé plus bas sont représentées les armes de la ville de Leipzig, découpure en cuir, couleur brun foncé. Armes et écusson coloriés. Sur le bord rouge, petits boutons dorés pour garantir le bord. A l'intérieur sur la deuxième feuille de carton est placé le document entouré d'un encadrement, dorure riche. Même décoration à l'intérieur de la première partie de la couverture.

2. Reliure d'un livre (Chronique de famille).

Travaillé à la main par Hermann GRAF, relieur de la cour. Format : 26 × 18.

La reliure est en maroquin n° 17, couleur tanné clair. Les bandes et la couverture sont en application de maroquin noir, avec des contours dorés.

3. Album, Cadeau d'anniversaire, pour Photographies.

Modèle dessiné par Georges WEIDENBACH, architecte; exécuté à la main par Gustave FRITZSCHE, relieur de la cour royale. Format : 40,5 × 23.

Fond brun clair, maroquin n° 25. Le bord extérieur, les bandes entrelacées, les coins du champ du milieu et le fond des médaillons ronds sont rouge foncé n° 6. Les bandes en travers des coins, les rosaces des médaillons rouges et la petite bande à côté des médaillons sont blanches; la bande extrême entre les coins, brun or n° 23; le fond des triangles des coins, bleu n° 41. Le vase de l'ornement des coins est rouge foncé, avec des parties blanches; les grandes feuilles de la couverture sont brun or, à points blancs. La cartouche dans le champ du milieu placé plus bas est en vieil argent, avec plaque en argent brillant. Les fermoirs, semblables à la cartouche en vieil argent. Le dos est divisé en cinq champs par des nervures. Les champs sont de couleurs variées; bleu avec bande rouge foncé et ornements jaunes à points blancs; jaune avec un bord blanc et bande nœud rouge.

4. Intérieur de la Couverture du précédent.

Bord extrême, couleur du fond de la partie extérieure, le champ du milieu, veau rouge brun couleur n° 6, est encadré d'une bande noire. Le bord de l'ornement, impression or, exécutée avec un poinçon à main.

5. Reliure d'un livre. Bible de Septembre de Luther.

Découpure en cuir, exécutée par Georges HULBE. Format : 32,5 × 23.

Le fond de la couverture est en cuir de bœuf naturel tanné clair. La garniture des coins est en vieil argent, de même que les fermoirs. Au dos du volume, les contours sont seuls découpés, sans relief, la tranche du livre est dorée sur fond rouge de cinabre.

6. *Portefeuille, Cadeau d'anniversaire.*

Dessiné par L. Theyer, directeur de l'Ecole industrielle de Graz, exécutée par Jules Hager (Joh. Maul), relieur. Format : 44 × 32,5.

Fond maroquin rouge brun n° 6, sur lequel se trouvent des champs bleus n° 41, entourés de bandes noires entrelacées. Le tout est serpenté d'un ornement dont les feuilles et les fleurs sont brun or n° 21 et vert clair n° 35, avec des contours et des vrilles or. Au bord, se trouve un ornement fin, or sur le fond rouge brun entre des bandes noires. Garnitures or mat et argent mat. Le champ du milieu a un fond émaillé bleu avec monogramme, émaillé dans des tons couleur cuir ; plaques et rosaces émaillées avec des lettres et la date de l'année.

7. *Album, Cadeau d'anniversaire.*

Dessiné par L. Theyer, directeur de l'Ecole industrielle de Graz, exécuté par Hermann Graf, relieur de la cour. Format : 34 × 27.

Fond maroquin rouge n° 5. L'encadrement contournant le bord est de couleur crème n° 7, avec des rosaces et des cases bleues n° 42. Les palmettes et leurs tiges, or sur fond bleu n° 42 ; les points du centre des palmettes sont rouges. Au milieu, une tablette noire à bord blanc et ornements or ; l'ornement à palmettes est alternativement bleu et blanc. De fortes bandes noires séparent l'encadrement extérieur, ainsi que le bord et le milieu. Au milieu, plaque de bronze émaillée. Le dos et la deuxième partie de la couverture sont ornés des mêmes couleurs que le dessus.

8. *Reliure d'un livre (Chronique de famille).*

Découpure de cuir, exécutée par Georges Hulbe. Format : 29,5 × 21,5.

Cette reliure se rattache à celles du xvi° siècle. Elle est faite en cuir de bœuf au fond marron. Les bords de la couverture sont coupés obliquement, tandis que les coins sont restés massifs. Le fermoir est formé de deux bandes de cuir entrelacées avec des anneaux et des boutons. La tranche, couleur rouge de cinabre, s'harmonise avec tout le caractère du livre.

9. *Portefeuille.*

Exécuté à la main par C.-W. Vogt et fils. Format : 52 × 39,5.

Fond maroquin brun clair n° 27. Une large bande rouge n° 5 avec coins de filets d'or, appliquée et entourée à droite et à gauche de lignes d'or séparées les unes des autres par de larges lignes repoussées dans le cuir. A côté de ces dernières, à l'intérieur comme à l'extérieur, se trouve une petite bordure formée de petits dessins or. Vers le milieu, un filet d'or entourant les armes des libraires, d'après le dessin de E. Dopler avec la devise imprimée en caractères dorés : *Habent sua fata libelli*. L'intérieur du portefeuille est en reps de soie vert bronze, entouré d'un petit encadrement de cuir avec filets d'or.

10. *Reliure de l'ouvrage : Papillons de papier du Japon (Papierschmetterlinge aus Japan) par C. Netto.*

Modèle dessiné par P. Bender, peintre. Impression de différentes couleurs par Jules Hager (Johs. Maul). Format : 36 × 27.

Fond veau gris-vert n° 32 avec dessins repoussés. Vers le milieu de la couverture à droite, un médaillon rond ; sur un fond rouge vif, d'un ton plus foncé vers le haut, se trouvent des figures grises, des japonaises dessinées noir et or. Tout l'espace qui entoure ce médaillon contient d'une manière irrégulière les caractères dorés du titre, et est parsemé de couples de papillons dorés à hachures rouges. Tranche dorée.

11. *Reliure d'un livre.*

Exécutée à la main par W. Collin, relieur de la cour. Format : 27 × 18.

Fond maroquin violet foncé n° 43. L'ornement est entouré d'une bande noire à petits fleurons or. Le fond entouré de cette bande, est rempli par des ornements rouge foncé et rouge clair, brun foncé et brun clair, vert foncé et vert clair, jaune, bleu clair avec des contours d'or et dans un dessin très fin. Le dos est ornementé de la même manière. La tranche est gravée et les ornements sont de diverses couleurs.

12. Portefeuille, contenant une lettre de citoyen d'honneur de la ville de Leipzig.

Modèle de P. SCHUSTER, architecte. Exécuté à la main par Jul. HAGER. Format : 62 × 46.

Fond maroquin brun n° 28 ; à l'extérieur, une large frise bleu n° 45, encadrée d'une étroite bande noire au milieu et dans les coins de petits carrés, jaune or n° 30 avec des petits boutons dorés. Vers le milieu, des bandes noires entrelacées avec ornements or, serpentant ; les carrés des coins entre les bandes sont rouges n° 6. Ensuite, un ruban jaune or à petits fleurons mats entoure le champ du milieu placé plus bas, contenant les armes de la ville en découpure cuir ; le blason, le casque et le dessus du casque sont en couleur.

13. Reliure d'un livre (Matricule des Avocats au Tribunal de Naumbourg).

Modèle de Léop. THEYER ; exécuté à la main par FRITZSCHE, relieur de la cour. Format : 43 × 34.

Fond gros grain brun or n° 8. La couverture entière est divisée en champs de formes différentes par des divisions en relief se terminant en biais des deux côtés. Le champ du milieu, celui de dessus et celui de dessous sont olive foncé n° 32 ; au milieu, l'aigle de Prusse en veau à contours bronze ; l'aigle lui-même est noir avec couronne et langue rouges. A droite et à gauche, des blasons de bronze émaillés. Tous les champs sont entourés de petites bandes fines de maroquin à points d'or ; ils sont garnis d'ornements ou de lettres dorés et d'écussons, dont les champs du milieu sont émaillés en couleur. Des médaillons à blasons également émaillés en couleur protègent les coins. Les armoiries sont celles des villes du district de Naumbourg.

La deuxième couverture est divisée de la même manière que la première. Les ornements sont plus simples et les garnitures des coins ne sont pas émaillées. Le dos est divisé en champs égaux, encadrés de bandes noires et garnis d'ornements or.

14. Album d'aquarelles.

Dessin de GROTEFEND, architecte. Exécuté par Hermann GRAF, relieur de la cour. Format : 53 × 41.

Fond maroquin rouge n° 3, entouré d'un large bord blanc n° 19 avec application de bandes noires et d'ornements bleus n° 42. L'encadrement à hachures du champ rouge au milieu est or sur fond noir ; les bandes entrelacées sont bleues à bords blancs. L'ornement libre est entièrement bleu à contours et vrilles or.

15. Reliure d'un livre (Métier artistique).

Exécuté à la main par HORN et PATZELT. Format : 41 × 29.

Fond maroquin bleu foncé n° 45 avec une large frise, branches de chêne en or à feuillage or et glands argent, entourés à droite et à gauche de lignes dorées.

Le dos est divisé en plusieurs champs par des nervures ; dans le deuxième en haut se trouve le titre, or sur fond veau rouge foncé n° 1, les autres comme la couverture, à branches de chêne dorées, glands argent. Tranche noire à ornements gravés.

16. Buvard, Découpure de cuir.

Exécuté par Georges HULBE. Format : 38,5 × 30,5.

Cuir de bœuf tanné, les angles coupés en biais, les coins carrés, couverts de carrés à contours découpés imitant une garniture de métal.

17. Album, Envoyé à l'Empereur Guillaume Ier à son 90me anniversaire, par les artistes des Théâtres allemands.

Dessiné par W. COLLIN, relieur de la Cour, exécuté par Georges COLLIN. Garnitures de SY et WAGNER. Format : 55,5 × 47.

Fond maroquin lisse brun-mode, n° 29. Une large frise est marquée à gauche et sur le haut par une bande fine bleu-clair n° 38, à petits champs plus foncés bleus n° 43, et à points rouges n° 3.

Dans la frise à gauche se trouve un champ plus bas contenant l'aigle impérial émaillé ; au-dessus la couronne impériale sur un fond d'étoffe d'or. Le champ est entouré de riches ornements dorés à la main, couleur bleu vif, rouge vif, olive clair, jaune, vert mat et gris. La partie supérieure de la frise contient le nœud allemand et prussien, entrelacé de branches de chêne et d'ornements fins dorés. Le champ inférieur à droite est enfoncé et entouré d'un ornement libre de dorure à la main et d'application de cuir. Le fond de ce champ est en veau rouge vif n° 4, couvert d'un dessin répété, l'aigle impérial avec le blason impérial, puis le bluet, entouré de lignes circulaires dorées. Au milieu du champ, le blason avec la couronne impériale, entouré de branches de laurier, en argent avec des turquoises et des petits brillants. Sur la garniture des coins, les armoiries prussiennes et celles des Hohenzollern en émail.

L'intérieur est doublé de soie rouge foncé et encadré d'une bordure de dentelle.

18. Cassette en forme d'un Coffret gothique.

Dessiné par Léop. Theyer, exécuté à la main par Gust. Fritzsche, relieur. Longueur 27, largeur 13,5, hauteur 26.

Fond maroquin brun or n° 28, le socle à barres olive n° 32, et bande bleue indigo foncé, à peu près n° 43, avec ornements or. Au-dessus, sur les quatre côtés de la cassette, champs rouges n° 5, entourés de bandes entrelacées vert olive. Sur chaque côté, le champ du milieu et ceux de droite et de gauche bleu indigo. Sur le fond bleu, le feuillage des ornements est rouge ; sur le fond rouge, il est bleu. Sur les côtés de la longueur les revers de la bande sont bruns, les rouleaux brun or. Au-dessus de ces champs, une baguette vert olive au-dessous d'une bande brun or à rosaces dorées. Le dessus de la cassette est en forme de toit très incliné. La surface est rouge, encadrée de bandes brun or étroites et bleues larges. La partie supérieure est également indigo. La surface du toit est divisée en carrés par des lignes d'or ; ces carrés sont formés de dessins appliqués olive et brun or. Dans les carrés se trouvent des dessins or de différentes grandeurs. Le faîte est de couleur indigo, avec baguette supérieure olive. Les pignons sont brun or avec triangles rouges. Les bandes en ligne droite sont olive ; les bandes courbes, brun or, au milieu un champ bleu indigo. Le bord extérieur des pignons est indigo, à angles olive. Pieds en boules de bronze ; de même les extrémités des pignons, bronze avec des boules émail bleu et anse pareille.

19 Reliure d'un livre (L'Égypte, par Ebers).

Dessiné par le professeur Léopold Gmelin, exécuté à la main par J. Hager. Format : 39 × 30.

Fond veau jaune vif n° 20, au bord une large bande bleu vif n° 42, avec ornements rouge foncé n° 1, blancs, n° 19, et de la couleur du fond. Vers l'intérieur, un entrelacement de bandes or sur fond rouge foncé n° 3, avec petits champs bleus et jaune vif. Le fond du champ du milieu est jaune vif, orné de branchage or riche à fleurs et feuilles blanches. Dans les coins et dans le milieu, des champs contournés d'une manière caractéristique ; sur fond rouge foncé, ornements or à formes blanches et bleues. Le champ du milieu contient le titre : *L'Egypte* en lettres semblables aux caractères orientaux.

20. Dos et Tranche du n° 19.

Le dos est divisé en plusieurs champs par quatre nervures rouge foncé à entrelacement or et petits champs bleus et jaune vif. Les grands champs sont entourés d'un encadrement bleu vif ; fond rouge foncé. Dans le plus grand champ du milieu se trouve un dessin, répondant à celui du milieu de la couverture, avec ornements or à dessins bleus et blancs. Dans les petits champs au-dessus et au-dessous se trouve le titre : *Ebers, L'Egypte*, en lettres semblables aux caractères arabes, blancs, entrelacés d'ornements or vif. Les derniers champs se terminent, en haut et en bas, à la manière orientale ; rouge foncé, blanc et bleu.

La tranche est poncée sur fond or brillant, champs à contours orientaux ; ornement de branchage fin, finement colorié bleu, vert, rouge et blanc.

20. Reliure d'un livre.

Ouvrage à la main, par Horn et Patzelt. Format : 15 × 9.

Fond maroquin vert n° 33, avec ornements or à hachures, à la manière de Grolier.

21. Reliure de la Chronique de la Maison Royale de Saxe, pour les noces d'argent de LL. MM. le roi Albert et la reine Carola de Saxe.

Dessin de C. GRAFT, directeur de l'école industrielle de Dresde. Fers de HUBEL et DENCK.

Fond veau brun vif n° 24, décoration repoussée ; le champ du milieu en forme de rhombe est garni d'ornements or, les blasons des maisons Wettin et Wasa, tenus par un génie, surmontés de la couronne royale. Petits boutons en or. Le dos avec bandes en relief et dessins imprimés à blanc.

22. Portefeuille, Pour une lettre d'honneur de la ville de Leipzig.

Dessin de C. WEIDENBACH, architecte. Exécuté à la main par J.HAGER (Johs. MAUL). Format : 64 × 49.

Fond maroquin brun vif n° 8, la bande entrelacée du bord rouge n° 5, les petits médaillons y contenus bleu n° 42, à bords étroits blancs et lions dorés. Dans les quatre coins, un vase blanc à rubans rouges et à petites feuilles bleues, le grand feuillage jaune or n° 21, et blanc. A côté du biais qui entoure la surface du milieu plus en creux se trouve une large bande crème n° 16. Au milieu de la surface, un champ bleu, entouré d'une large bande rouge à rosaces dorées, terminées par des petits dessins dorés. Sur le champ bleu, une cartouche jaune or à revers vert vif n° 35 et à rouleaux blancs. Le bouclier en forme de cœur de la cartouche est crème à bord rouge.

23. Album, Présent d'anniversaire, offert au comte de Haake.

Dessiné par W. COLLIN, relieur de la Cour, exécuté à la main par Georges COLLIN. Format : 47,5 × 40.

Fond maroquin lisse brun foncé n° 29, à l'intérieur de la rangée de perles qui unit les garnitures des coins se trouve une surface veau olive n° 32, relevée par une bande entrelacée bleu foncé n° 43, avec un ornement fin de branchage or, avec dessins à hachures. Les lettres sont en veau rouge n° 4. Le champ du milieu, rond, enfoncé, est entouré d'une petite bande bleu foncé, avec des feuilles jaune clair n° 21 et brunes n° 29. Le fond du champ du milieu est en veau gris vif n° 46, avec le blason, bronze et émail, du comte de Haacke ; les petits drapeaux, ainsi que le dessus du casque et la langue du lion sont en cuir rouge.

Garnitures d'argent aux coins, boucliers garnis d'opales, le tout exécuté par J. SCHAPER, joaillier.

24, 25. Cassette.

Dessinée par L. THEYER, exécutée à la main par H. GRAF, relieur de la Cour. Longueur 35, largeur 25, hauteur 21.

Fond maroquin bleu n° 42, à profils pareils, seulement le biais du socle et les baguettes supérieure et inférieure du couvercle sont brun or n° 24, avec ornements or. Les surfaces des côtés du couvercle sont divisées en champs de formes différentes. Les champs du milieu des côtés longs et de la surface unie du couvercle, ceux des pans coupés, les champs des côtés et les surfaces convexes du couvercle sont rouges n° 5 ; les champs de côté de la longueur et de la largeur, et ceux de la surface unie du couvercle sont jaunes n° 12. Les coins des champs de côté de la longueur et de la largeur, et le champ du milieu de la surface convexe du couvercle sont verts n° 35. Les champs du milieu de toutes les surfaces et ceux des pans coupés de la partie inférieure sont en relief et entourés d'un cadre bronze. Les autres champs sont plus bas et entourés d'un bord cuir brun or. La frise de la surface unie du couvercle, avec ornement bleu vif et un peu blanc sur la nuance du fond ; les petites rosaces des coins et du milieu du côté de la longueur sont rouges. Dans tous les champs du milieu, ornements or seulement, sur celui de la surface unie du couvercle en outre une pointe bronze émaillée ; sur ceux des côtés de la largeur, des anses en bronze ; dans tous les autres champs à fond rouge et jaune, ornements bleu vif n° 40. Des boutons de bronze émaillé forment les pieds.

26. Portefeuille, Cadeau pour une noce d'or.

Dessiné et exécuté à la main par C.-W. VOGT ET fils. Format : 43,5 × 35.

Fond gros grain brun vif n° 25, au bord se trouve une large bande repoussée entre des lignes d'or.

Les carrés des encognures sont un peu en relief, maroquin rouge foncé n° 2 ; ils sont unis par de larges bandes également en relief, de la même couleur, entre des lignes d'or. Des deux côtés des bandes, une bordure libre dorée. Sur le fond des carrés des encognures, des rosaces d'or entourées de lignes d'or de différentes largeurs. Sur les bandes, de légers entrelacs or terminés à l'intérieur et à l'extérieur entre de petites lignes d'or. Dans le champ du milieu, un monogramme bronze. L'intérieur est encadré d'un bord de cuir de la couleur du fond, sur lequel se trouve un ornement fin or. Le fond de l'intérieur est en moire antique couleur saumon.

27. Portefeuille.

Dessiné et découpé en cuir par Gust. FRITZSCHE, relieur de la Cour. Format : 39 × 28,5.

28. Reliure d'un livre (L'Italie, par W. Kaden).

Dessiné par le professeur L. GMELIN, exécuté par Jul. HAGER (Johs. MAUL). Format : 42 × 30,5.

Fond parchemin blanc, au bord une large frise maroquin lisse brun rouge n° 3, avec ornements rosaces blanches à milieu rouge, calices verts et fruits (baies) bleus. Les couleurs sont peintes sur le parchemin. Le champ entouré de la frise est divisé, par une bande de parchemin, en plusieurs champs ; celui du milieu et ceux au-dessus et au-dessous qui sont plus petits, application rouge brun, c'est-à-dire ornements rouge brun sur fond or ; celui du milieu contient le titre L'Italie en lettres de parchemin. Les grands champs latéraux, application bleu n° 42, contiennent des ornements à contours dorés, fleurs blanches, feuilles vertes et baies rouges, les couleurs également portées sur parchemin.

Le dos est garni en haut et en bas d'une bande brun foncé, même ornement que celui de la première frise, puis un champ rouge brun contenant le titre en lettres dorées ; plusieurs champs de grandeur différente, bleus, même décoration que la couverture. La tranche est ciselée avec des ornements répondant à ceux de la couverture.

29. Reliure d'une Bible.

Ouvrage à la main de C.-W. VOGT ET FILS. Format : 22 × 14.

Fond peau de porc tannée n° 16. Décoration de lignes et de petits dessins repoussés. La croix du milieu est dorée. Fermoirs en métal.

29. Petit Album.

Ouvrage à la main de Hermann GRAF, relieur de la Cour. Format : 24 × 18,5.

Fond brun vif n° 28, bord formé de lignes et de petits dessins or, au milieu un entrelacement de bandes semblables à ceux des volumes de Grolier. La bande est rouge à feuillage vert, revers bleus et parties de feuilles blanches.

30. Album.

Exécuté à la main par W. COLLIN, relieur de la Cour. Format : 40 × 24.

Fond maroquin uni brun foncé n° 29. Bordure libre dorée, ensuite plusieurs lignes dorées et un filet or, une large frise à dessins or bordée vers le milieu d'un filet or et de lignes dorées. Dans le milieu, un ornement or très fin, à feuillage de différentes couleurs, rouge, brun, jaune, etc. Le champ du milieu rond, placé plus bas, est en veau gris vif, avec une couronne de laurier argent et la couronne impériale or et émail.

31. Buvard.

D'après un dessin de l'ouvrage « Reliures modernes », par le prof. M. STRASSER, exécuté à la main par Hermann GRAF, relieur de la Cour. Format : 38 × 27.

Fond maroquin brun n° 28. Le large bord extérieur à ornements or, la bande suivante est plus étroite, avec des rosaces or, et l'entrelacement du milieu est appliqué, noir. Les ornements or sont formés de dessins à hachures, les petites rosaces du milieu sont également dorées. Au milieu un médaillon bronze avec cuir brun.

32. *Deux reliures de livres (A. Dürer, par M. Thausing).*

Dessiné par O. Jummel, architecte, exécuté par J. Hager (Johs. Maul). Format : 25 × 17.

Première partie, fond brun n° 28 (maroquin lisse) avec ornement formé de bandes de parchemin blanc jaunâtre. Les contours de cet ornement sont dorés.

Le champ du milieu avec le titre est entouré d'une couronne appliquée en cuir vert n° 33 avec tige de laurier, impression or.

La deuxième partie de la couverture forme le pendant de la première. Fond de l'ornement formé de bandes, maroquin brun lisse. Le fond de la couverture est en parchemin blanc jaunâtre. Contours, impression or. Les deux couvertures sont travaillées suivant les procédés de la marqueterie (Mandle und Weible), c'est-à-dire, que la partie tombante de la couverture droite est utilisée dans la couverture gauche. Le dos conforme aux précédents. Tranche dorée, ornements fins ciselés, la bande formant ornement sur fond blanc, creusée dans le fond or.

33. *Album, Cadeau d'anniversaire.*

Dessiné par G. Aeckerlein, architecte; exécuté à la main par Gustave Fritzsche, relieur de la cour. Format : 36,5 × 29,5.

Fond veau olive foncé n° 32; bord formé de petits dessins or, suivis d'une bande noire et d'une large bande rouge n° 3. Ensuite fond rouge, et à l'extérieur, de nouveau un champ vert olive n° 32, entouré de bandes noires et garni d'ornements or. Dans le champ carré du milieu, un bouclier de bronze, émail couleur; fermoirs pareils au bord. Le bord est divisé en plusieurs champs rouge foncé garnis de bandes noires et séparés par des nervures.

34. *Deux reliures de livres.*

Ouvrage à la main de Horn et Patzelt. 1. Format : 28,5 × 19,5. — 2. Format : 23 × 15,5.

1. Genre Grolier, fond maroquin brun n° 28, le tout entouré d'une bande violette n° 43 avec ornements fins or, entre des médaillons rouge n° 4 et jaune brun n° 21. Dans le champ du milieu, des bandes entrelacées rouge foncé n° 3, traversées de branchage or. Tranche dorée à ornements gravés.

2. Fond maroquin brun jaune n° 14, orné de bandes et de branchage entrelacés. Les bandes sont rouge foncé n° 1, les ornements rouge n° 3 et vert foncé n° 32. L'encadrement extérieur est rouge foncé.

35. *Album.*

Dessiné par le prof. Lowe; exécuté à la main par Hermann Graf, relieur de la cour. Format : 60 × 50.

Fond maroquin bleu noir n° 43; les parties découpées en cuir de bœuf couleur marron. La couverture est entourée d'une baguette ronde plastique; dans les coins se trouvent des garnitures d'or. Entre ces garnitures se trouve une petite bande fixe dorée avec une large frise vers l'intérieur, découpée et placée plus bas. Le champ du milieu est divisé par des nervures en plusieurs champs, ceux des coins sont garnis d'un filet formé par des lignes d'or; sur les points où ces lignes se croisent se trouvent des rosaces. Le champ du milieu est découpé en cuir, l'écusson est noir et or avec carré rouge, la couronne rouge et or, les lions en bronze doré.

36. *Portefeuille, Présent d'anniversaire.*

Dessin du prof. Ferd. Luthmer; exécuté à la main par Jul. Hager. Format : 49 × 33.

Fond maroquin vert myrthe foncé n° 33, bordure noire à lignes dorées; le grand champ est garni de bandes entrelacées noires et d'ornements or à dessins à hachures. Les coins et le grand champ du milieu sont garnis d'ornements sur fond pointillé or, la cartouche rouge foncé veau n° 3; le milieu est noir.

37. *Album.*

Dessiné par G. Weidenbach; exécuté à la main par Hubel et Denk. Format : 52,5 × 36,5.

Fond veau rouge n° 3, bordures de lignes d'or et d'une bande brun or n° 24 avec ornements or

Ensuite, vers le milieu, une large frise avec riches entrelacements, sans application de couleur sur le fond rouge; les médaillons sont en veau brun or à petits dessins or. Une autre bande brun or termine le champ du milieu. Dans celui-ci, deux bandes entrelacées, dont l'une est bleu vif n° 39, l'autre blanc jaunâtre n° 17. Les revers et les rouleaux de la bande bleue sont vert olive foncé n° 32, de même, l'envers des bandes blanches. La bande bleue est ornée d'un léger branchage or à dessins pleins sur fond pointillé or vif. Le champ du milieu est en veau brun or; dans les encognures se trouvent des rosaces. Le dos est divisé par des bandes bleues avec ornement de clochettes or en sept champs, dont l'un contient le titre sur fond brun or, les autres alternativement: rosaces dorées entourées d'un bord brun or et entrelacement brun or avec ornements or.

L'intérieur est encadré d'un bord de cuir avec ornements de dessins or, ensuite, un bord bleu à points et avec des lignes; le fond intérieur est en moire antique jaune grisâtre.

38. Cassette.

Dessiné par le prof. Léop. Theyer; exécuté à la main par Hermann Graf.

La cassette entière est en veau noir à profils plastiques pareils. La décoration est composée de lignes d'or et d'ornements bronze découpés.

39. Reliure (La Galerie de Cassel).

Modèle de O. Jummel; exécuté par Jul. Hager. Format: 32,5 × 25.

Fond veau rouge foncé n° 2. Sur ce fond, des deux côtés de la couverture, un champ veau jaune brun n° 16, entouré d'un large bord de la même couleur. Sur ce champ, un entrelacement de bandes rouge foncé, même couleur que celle du premier fond à contours dorés, entrelacé par un ornement fin or, dont les petits dessins sont unis, les grands avec garniture bleu vif n° 40. L'espace entre le bord extérieur et le bord doré de l'ornement est pointillé or vif.

40. Album de Photographies.

Modèle de l'architecte G. Heuser; exécuté à la main par Hermann Graf. Format: 34 × 27.

Le fond des bandes ainsi que celui du bord est en maroquin noir, celui des pièces du milieu est tanné jaune brun n° 14; celui de la surface extérieure est blanc n° 19. L'ornement sur le fond blanc est vert olive n° 32, les fleurs sont noires et les fruits (baies) sont rouges n° 3. Dans le champ du milieu, les parties claires de l'ornement sont blanches, le reste du vase est rouge et les feuilles sont vert olive. Le dos est orné de la même manière et dans les mêmes couleurs.

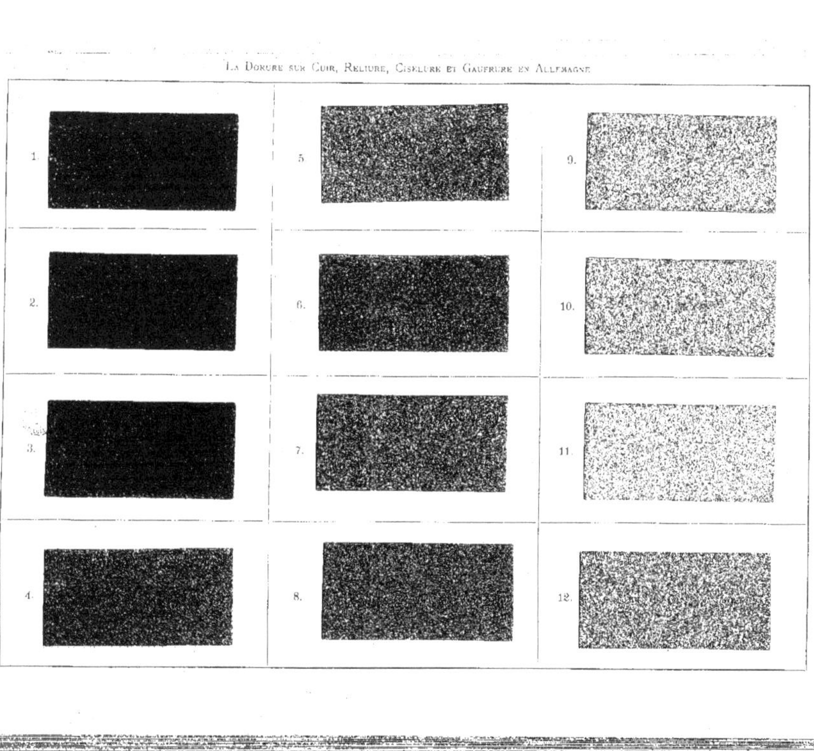

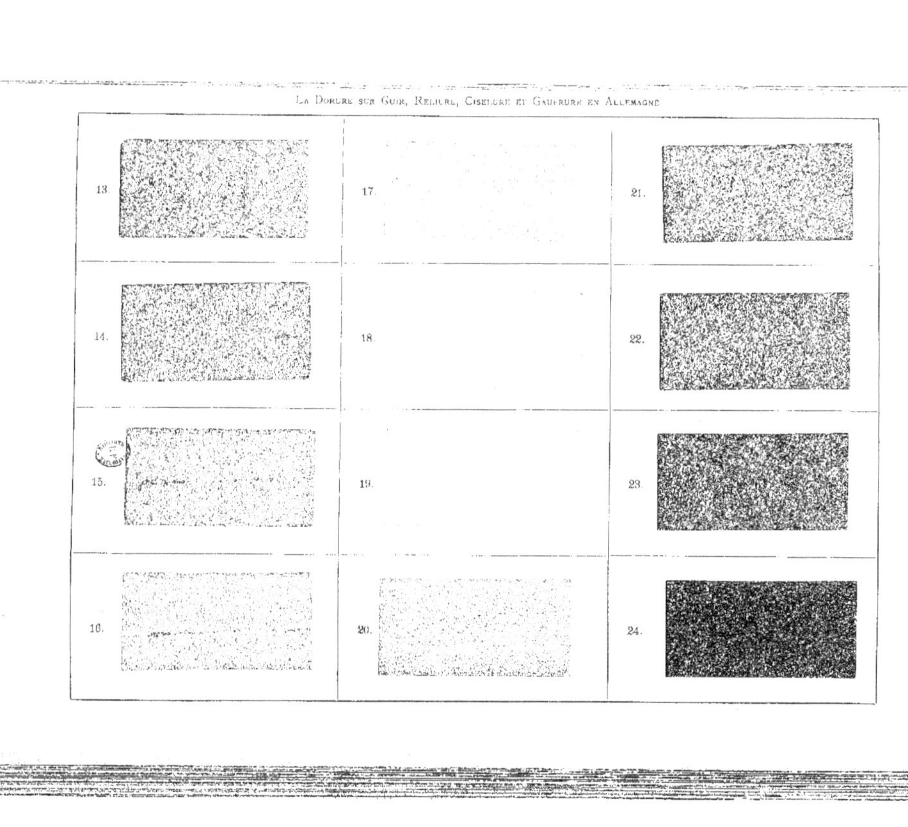

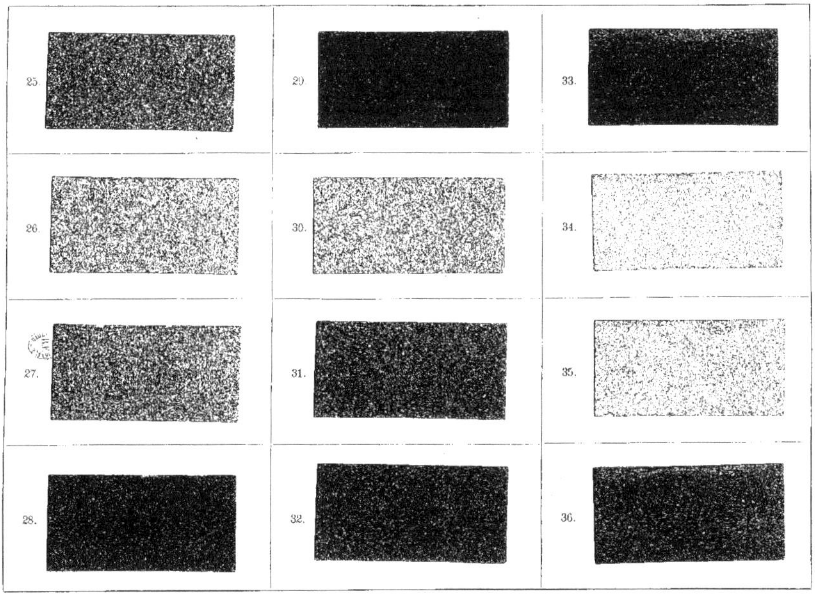

25.

29.

33.

26.

30.

34.

27.

31.

35.

28.

32.

36.

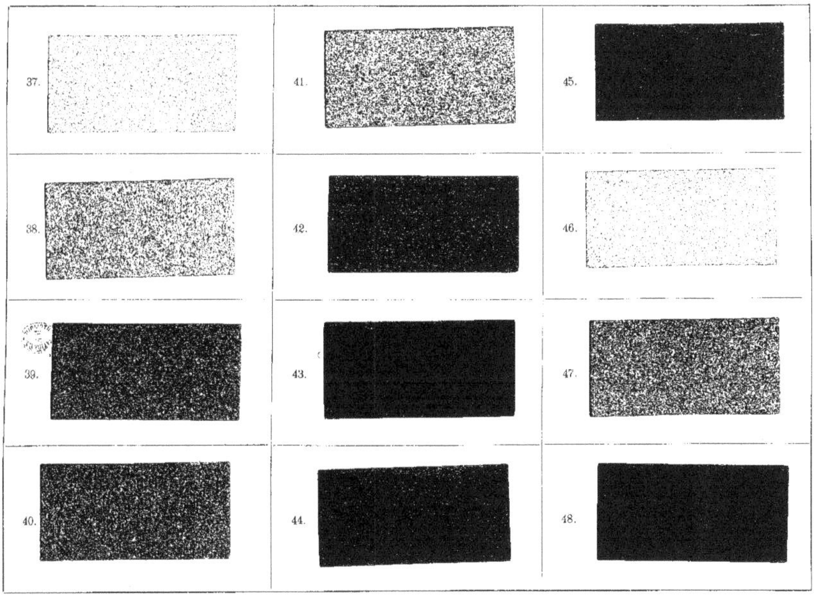

37.

41.

45.

38.

42.

46.

39.

43.

47.

40.

44.

48.

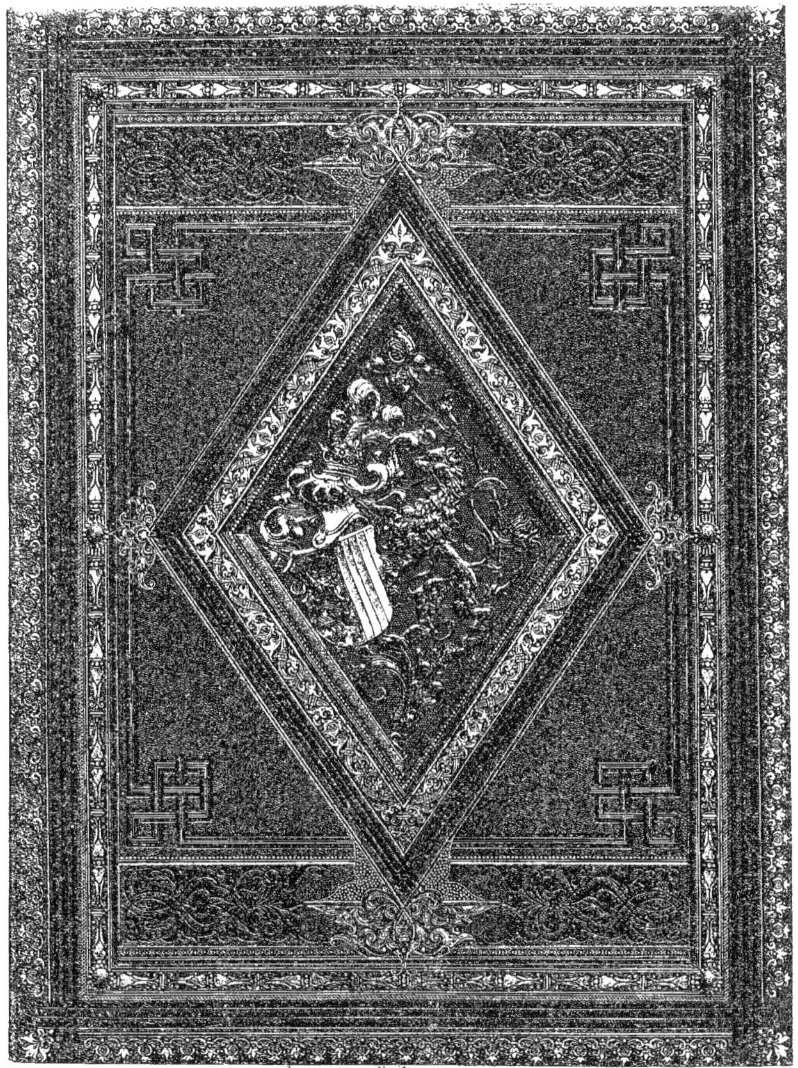

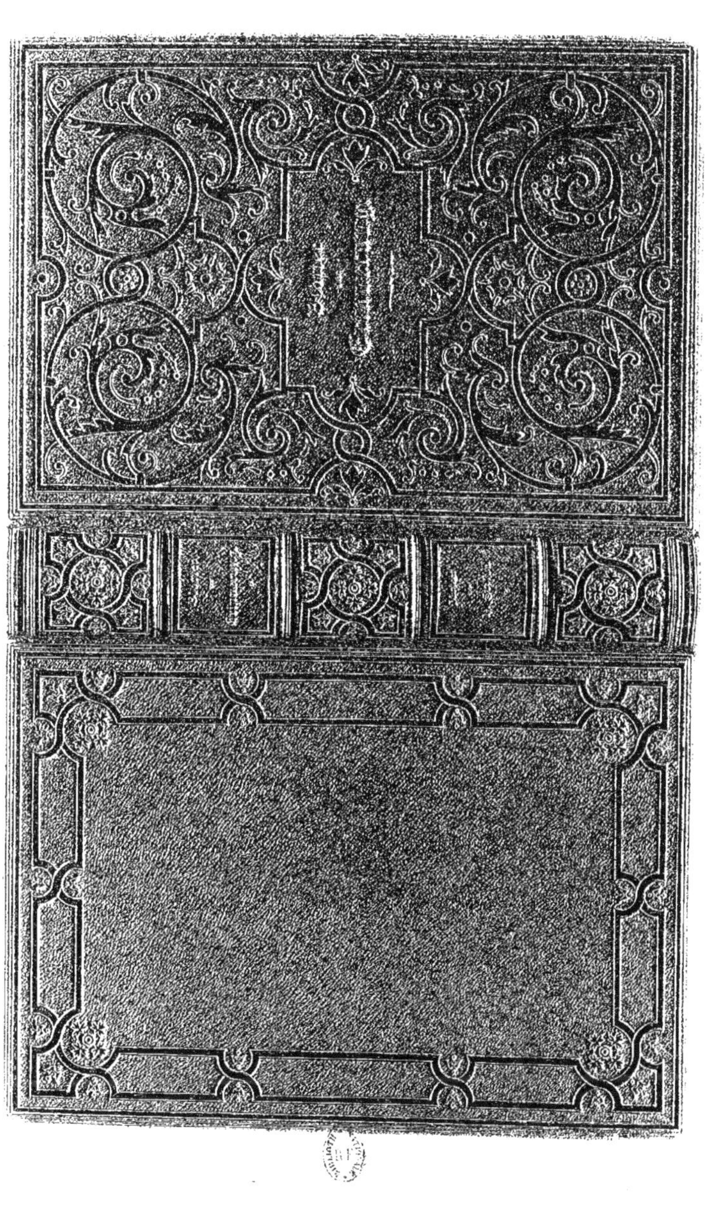

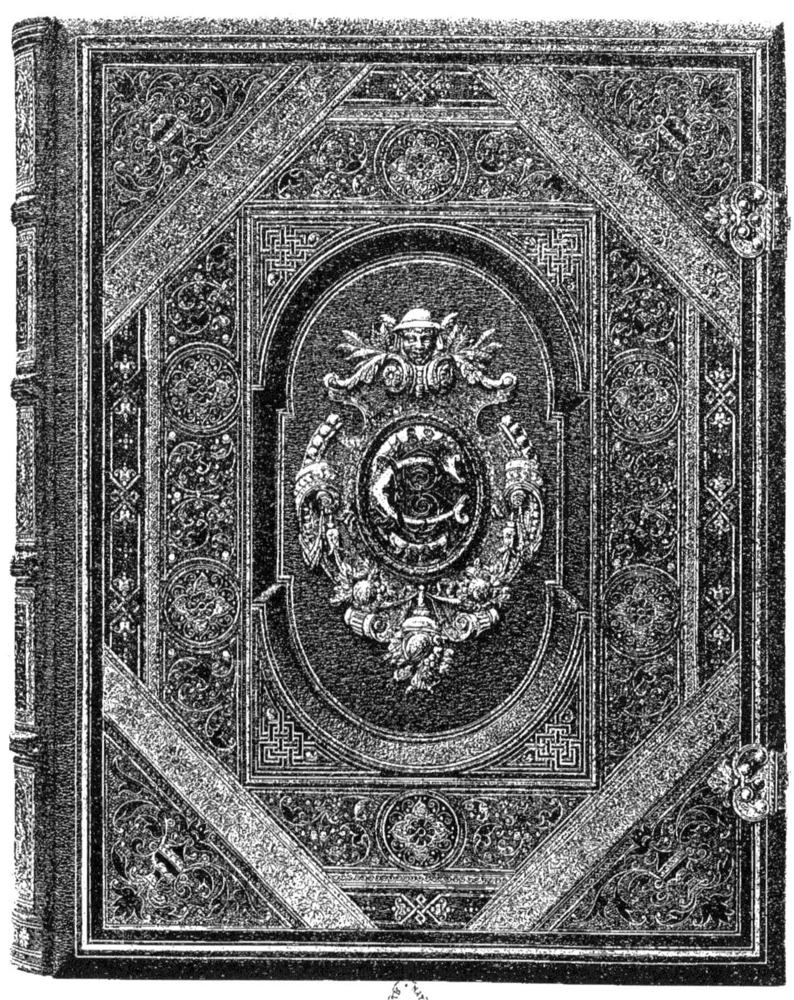

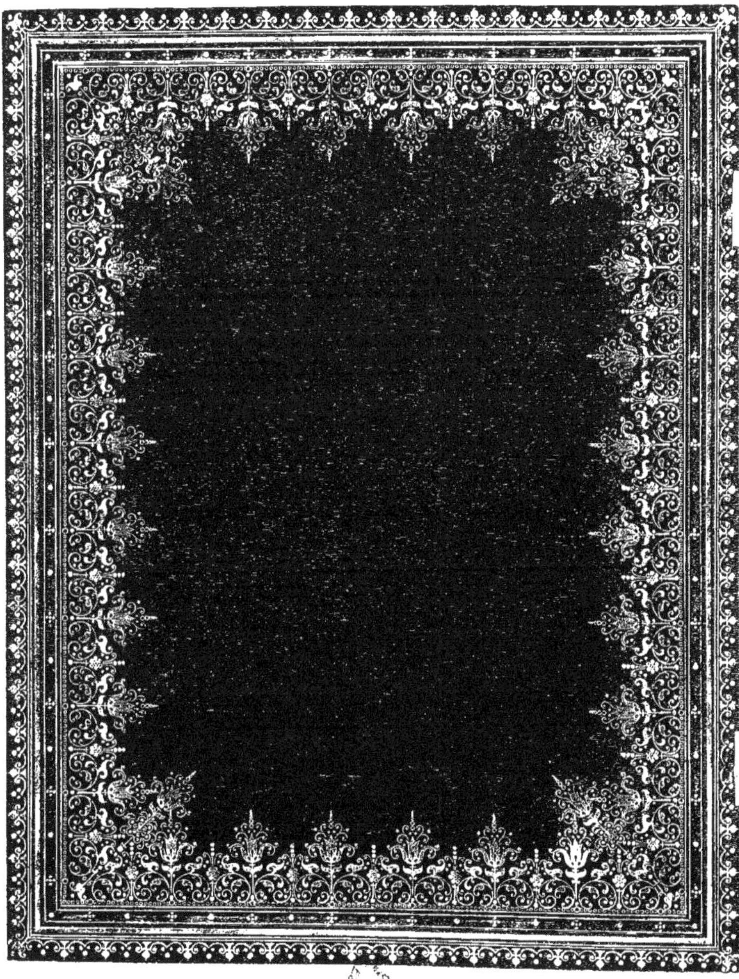

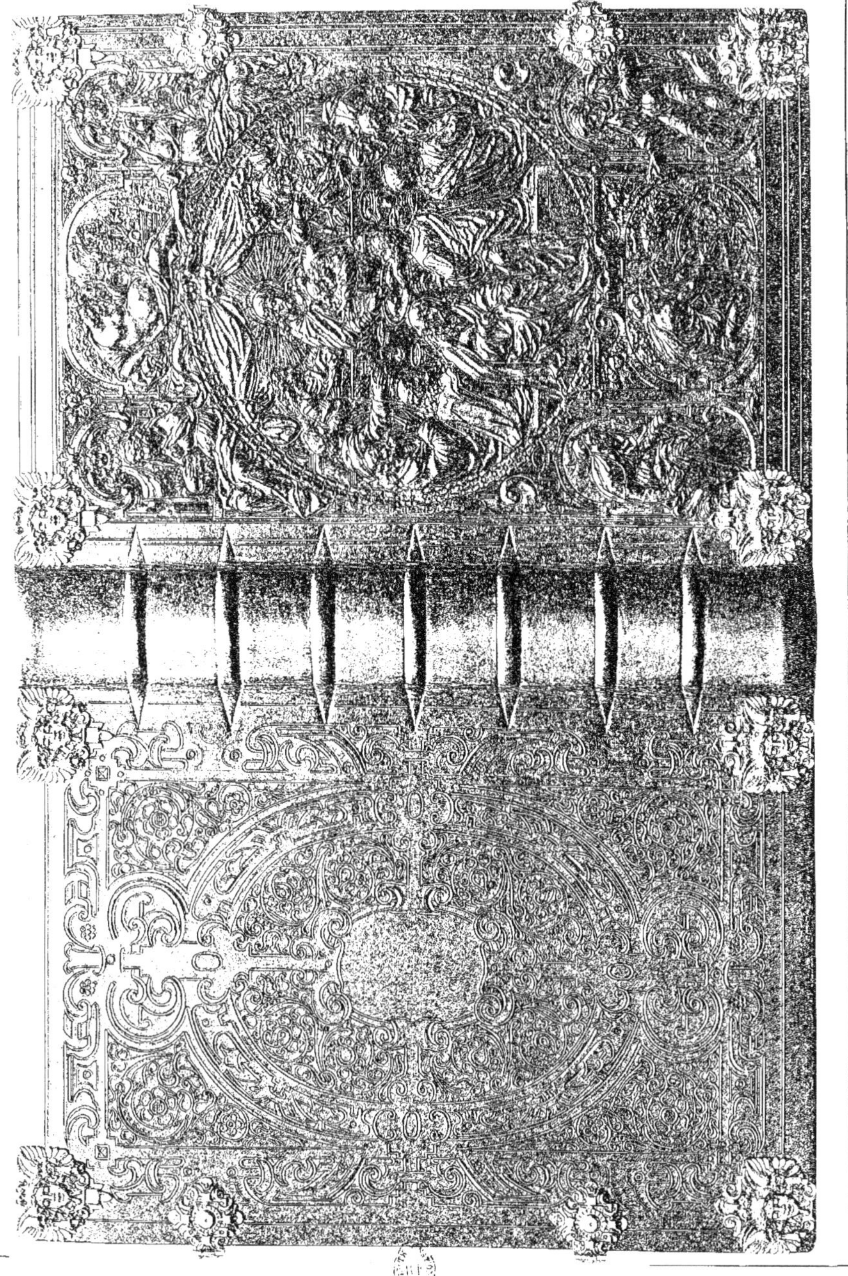

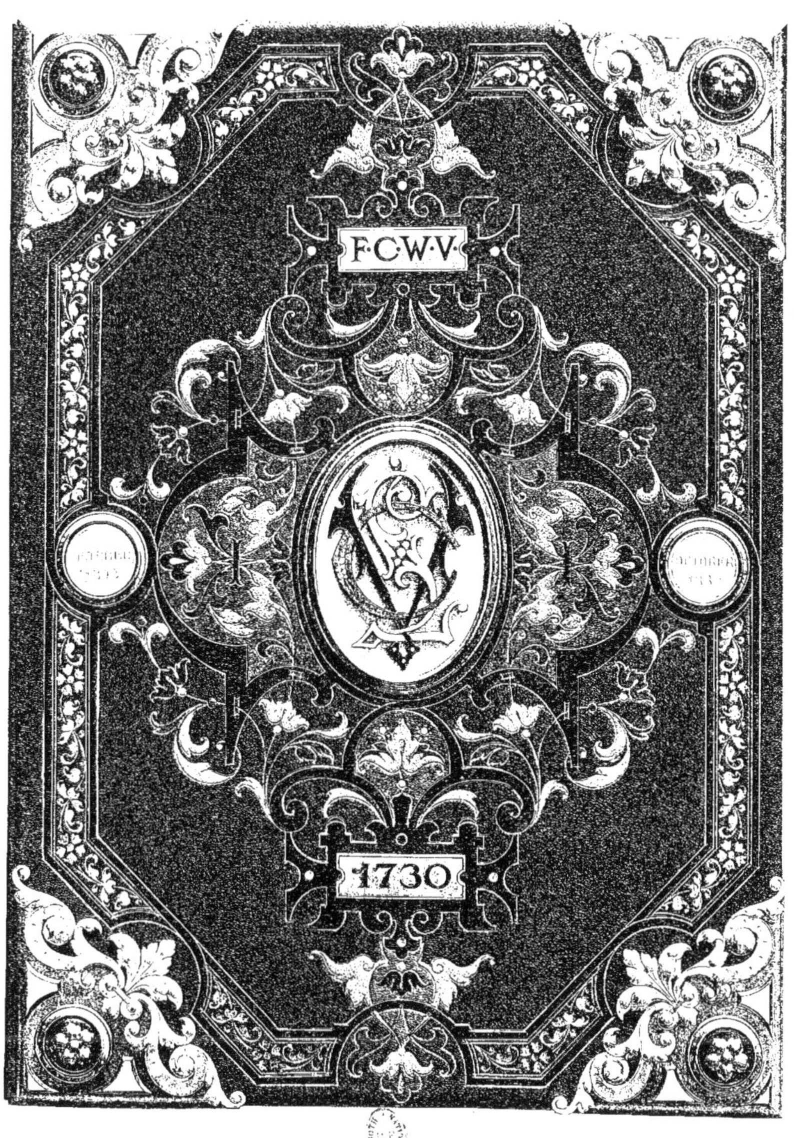
F·C·W·V
1730

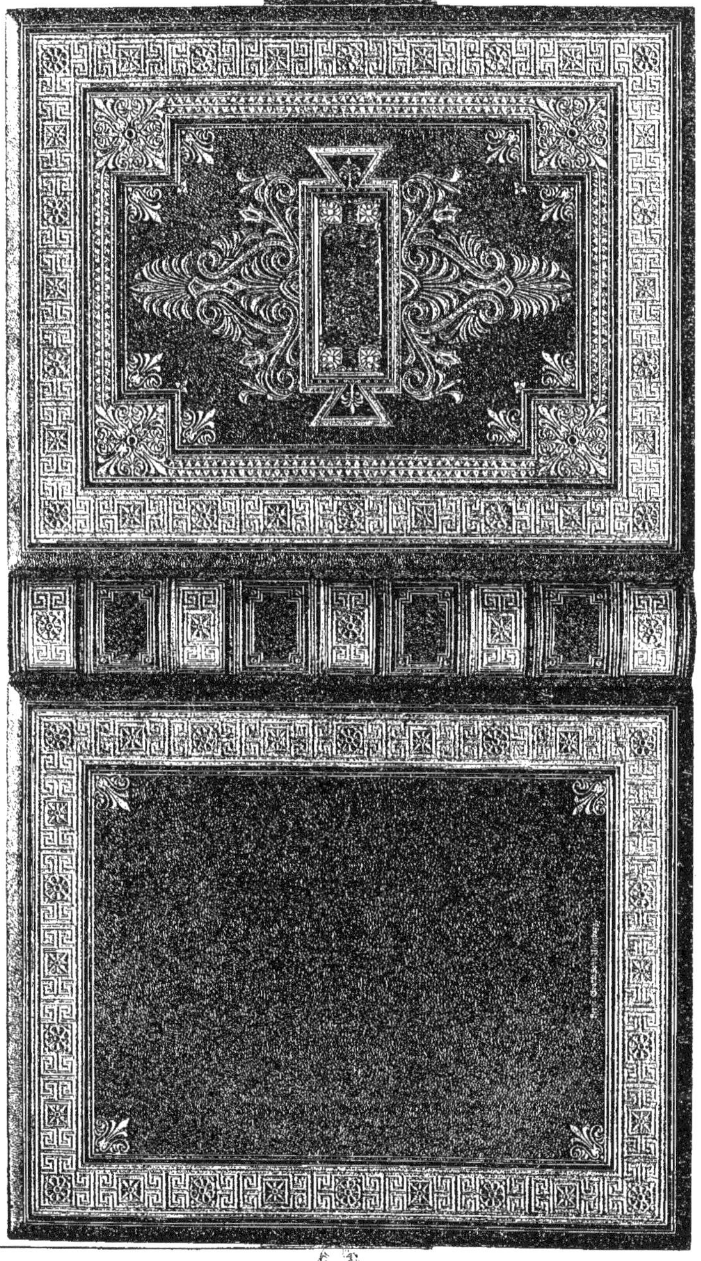

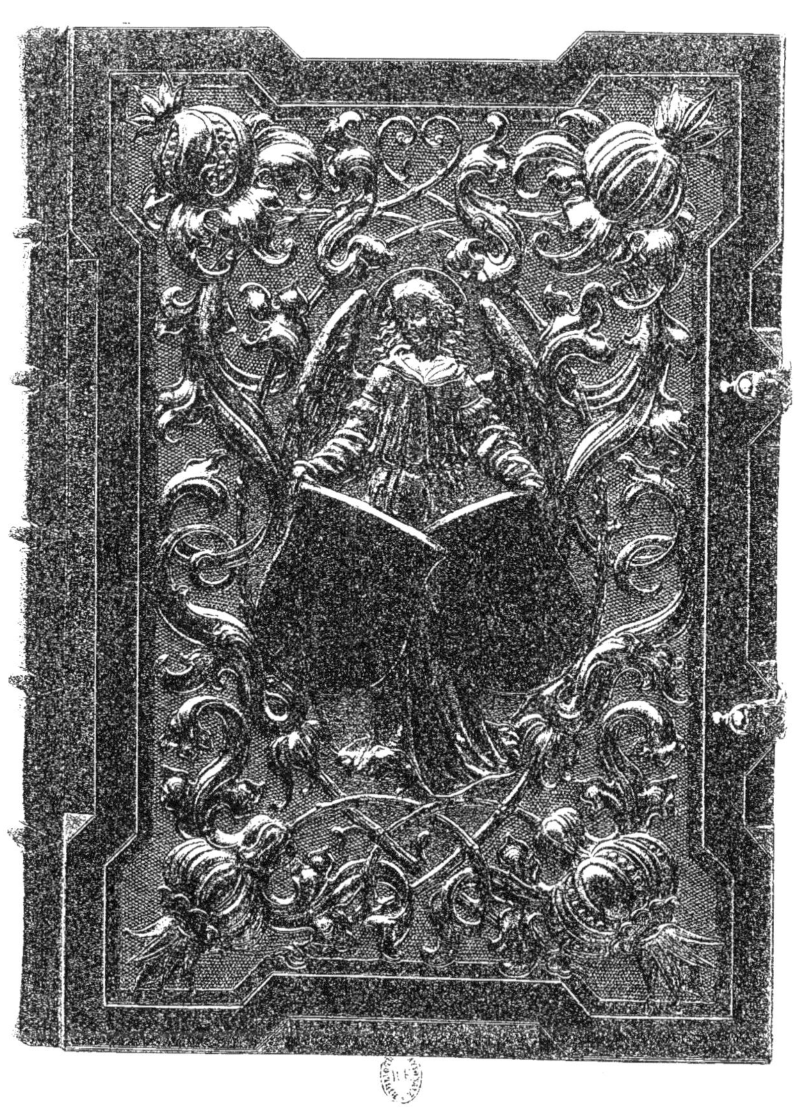

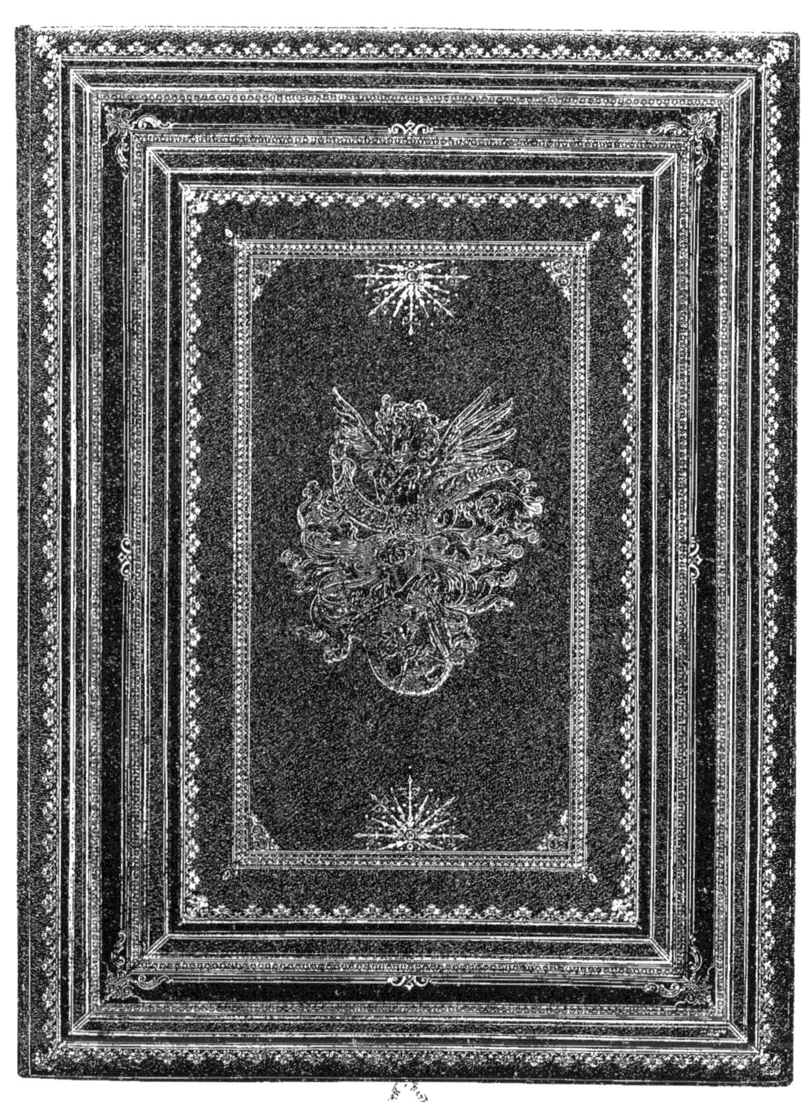

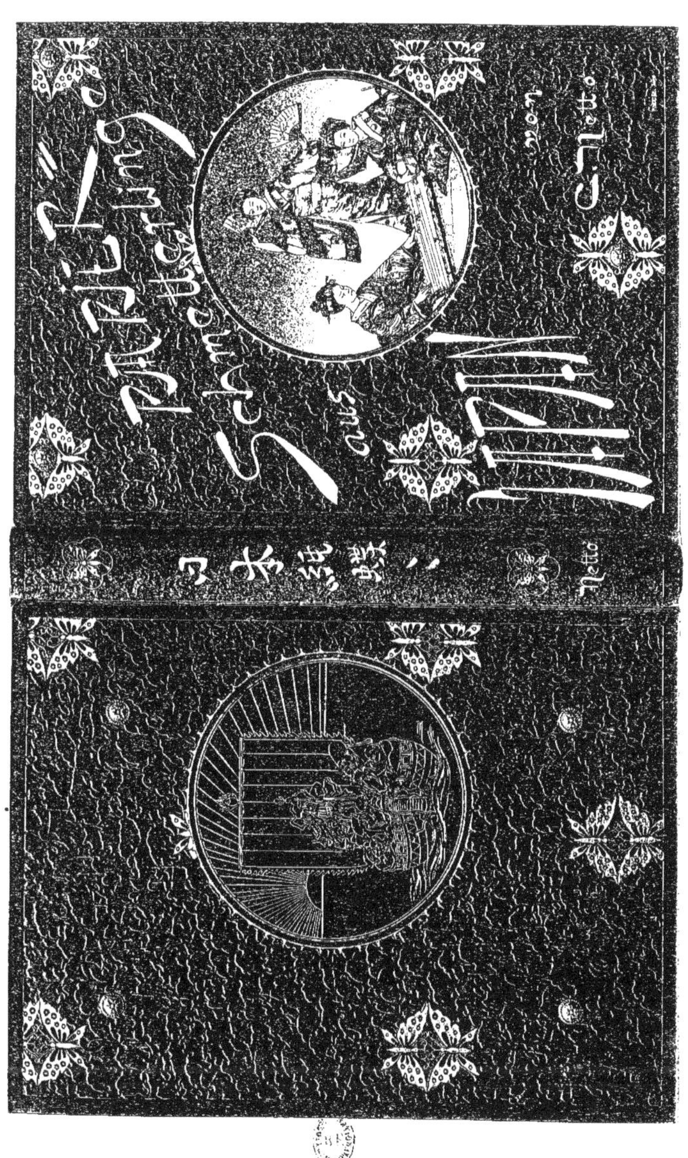

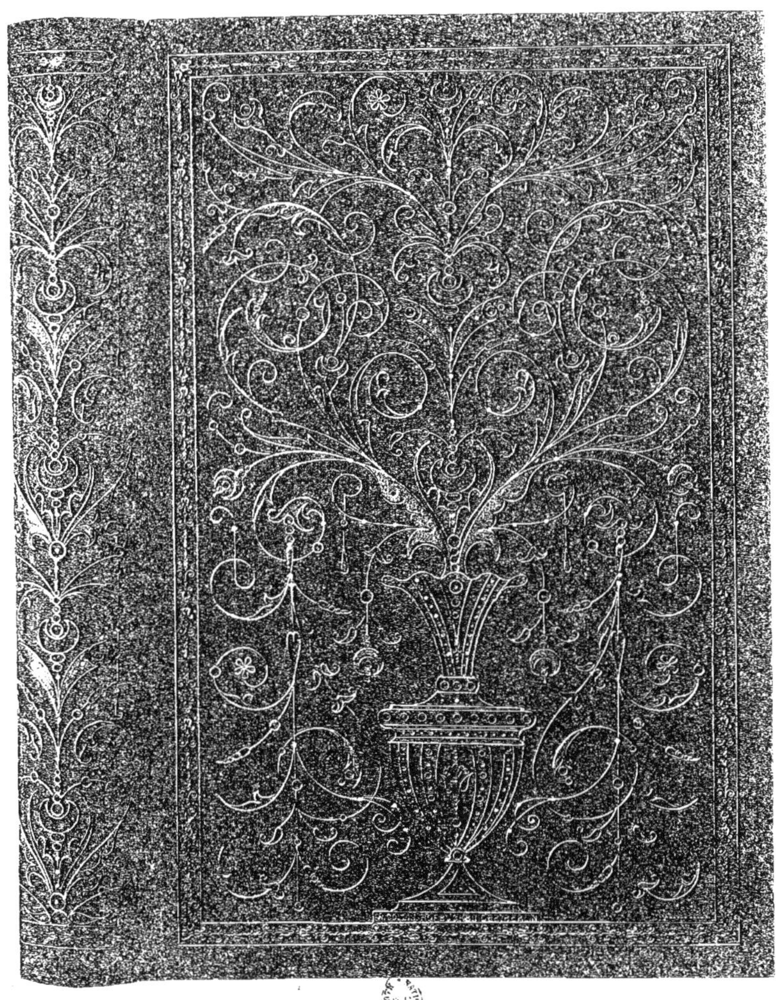

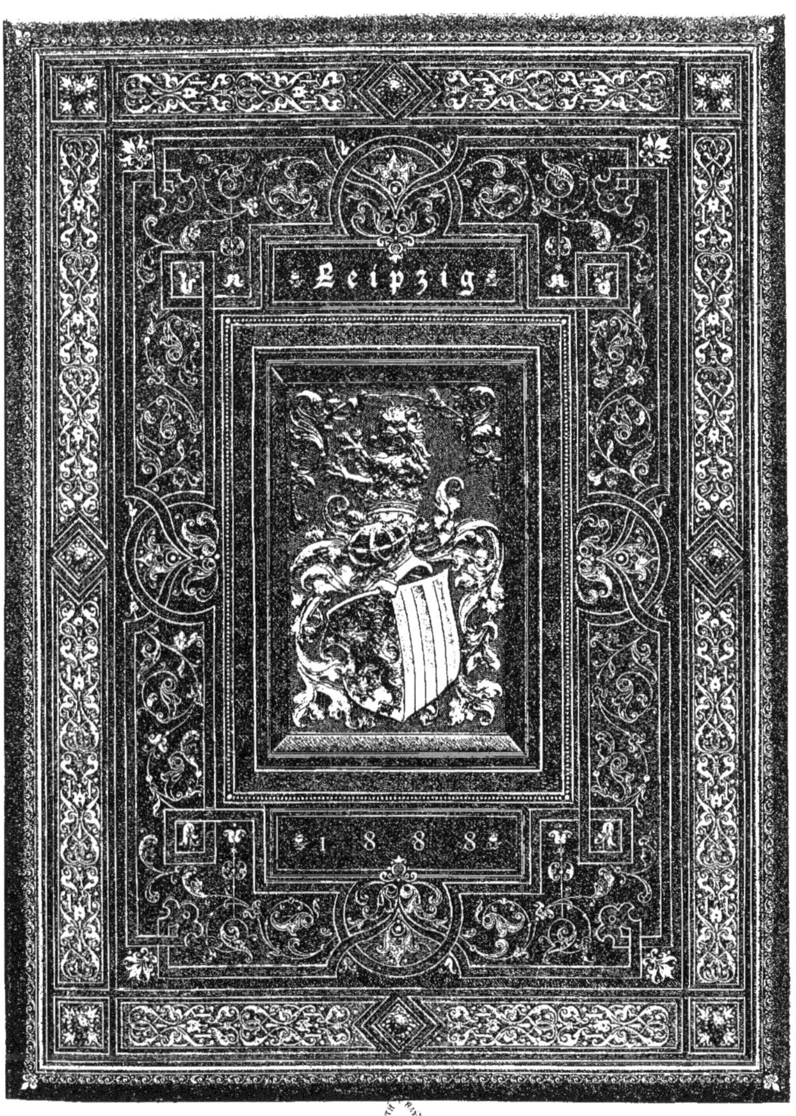
In Leipzig
1 8 8 8

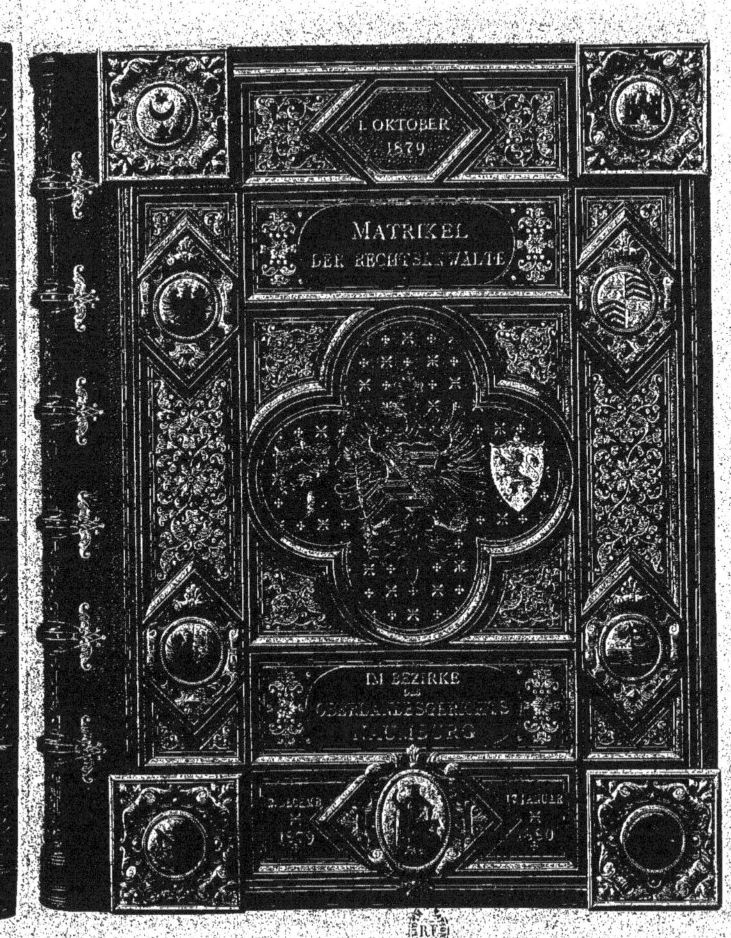
1. OKTOBER
1879
MATRIKEL
DER RECHTSANWÄLTE
IM BEZIRKE
DES
OBERLANDESGERICHTS
NAUMBURG

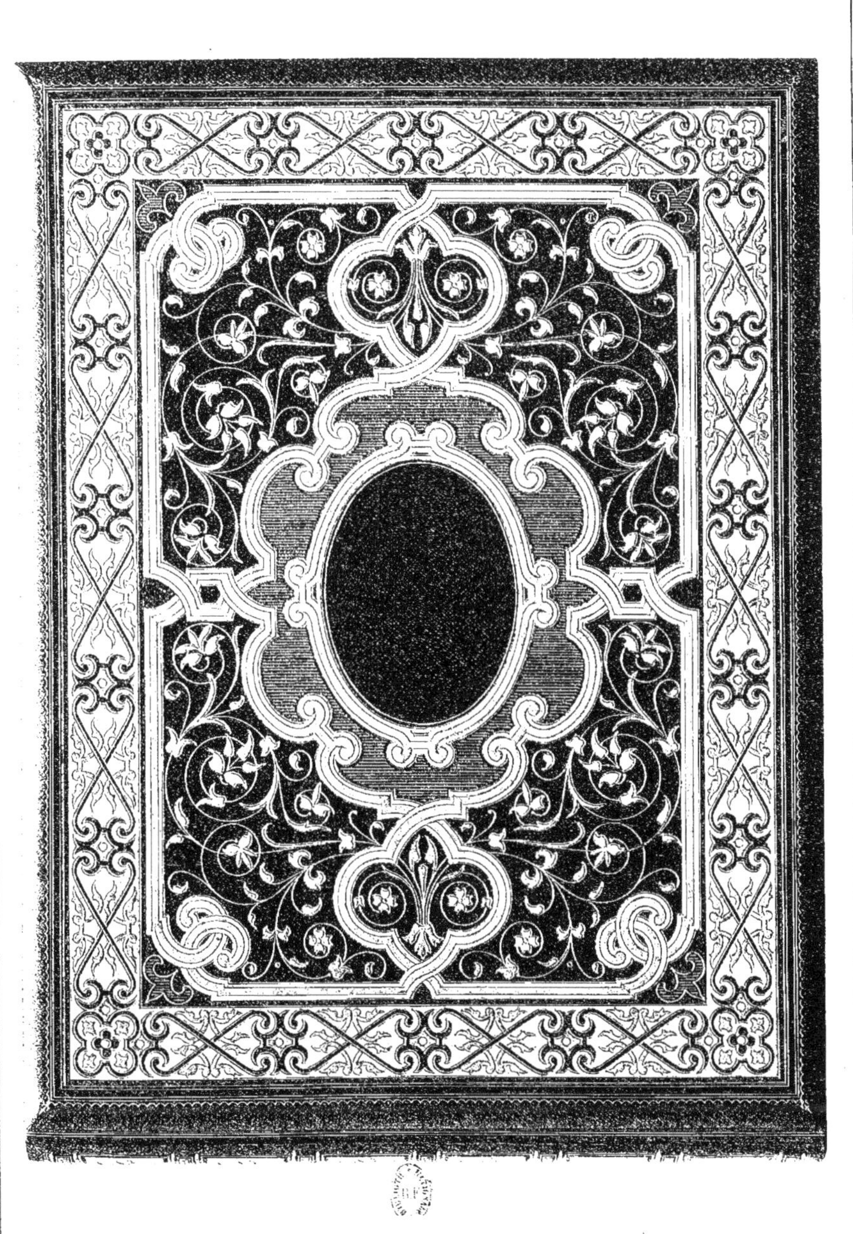

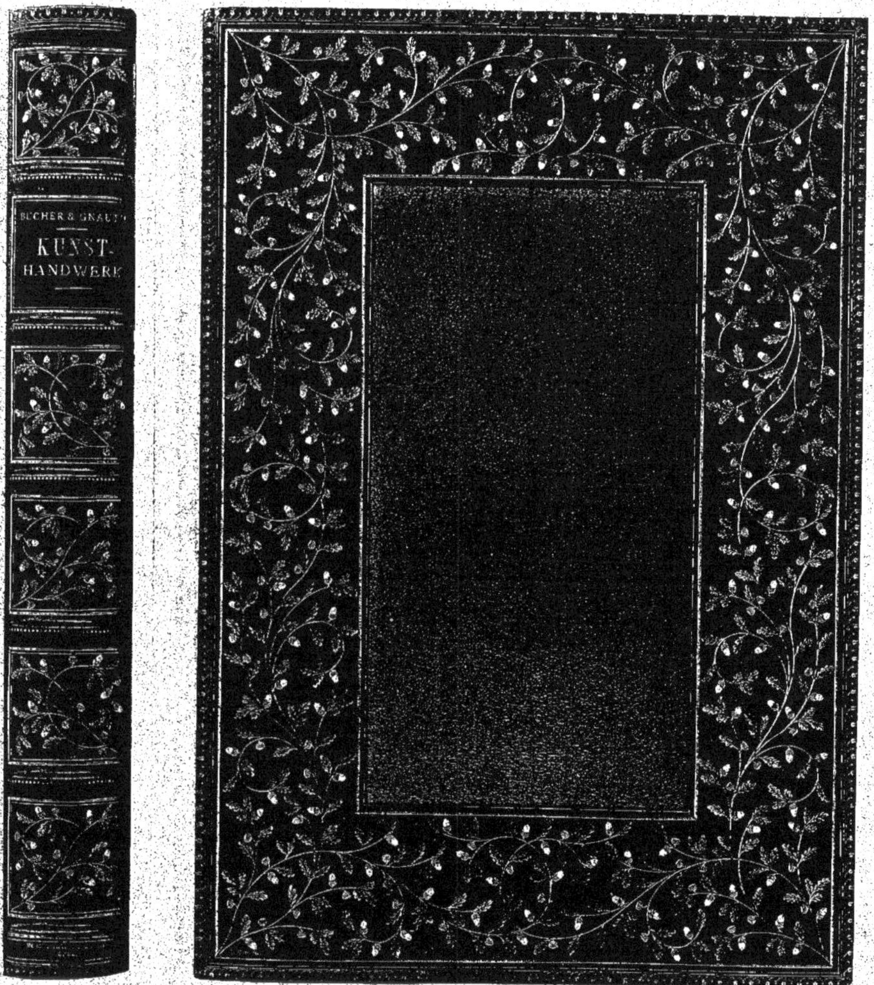

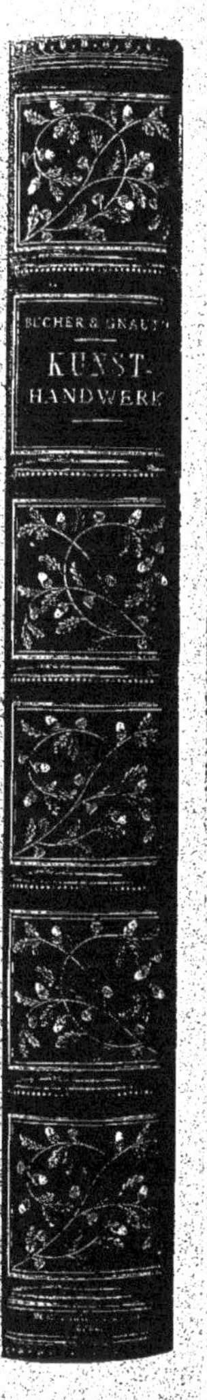
BÜCHER & KRAUT
KUNST-
HANDWERK

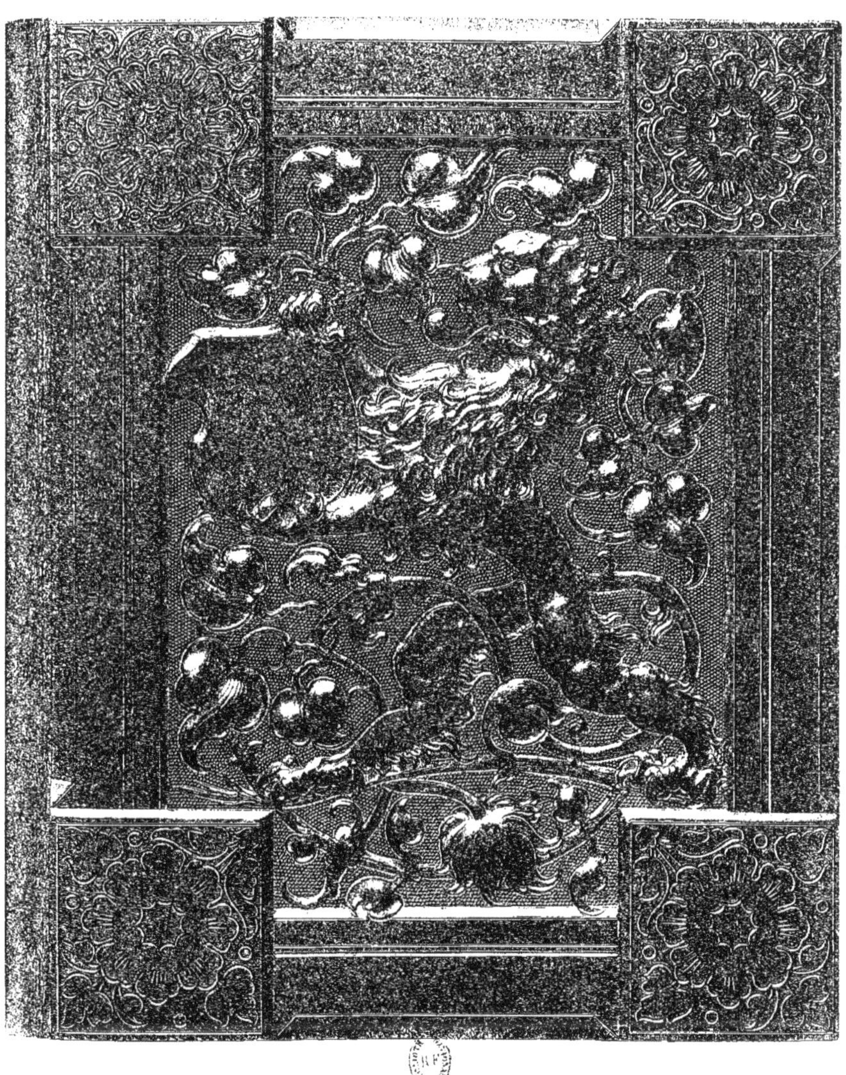

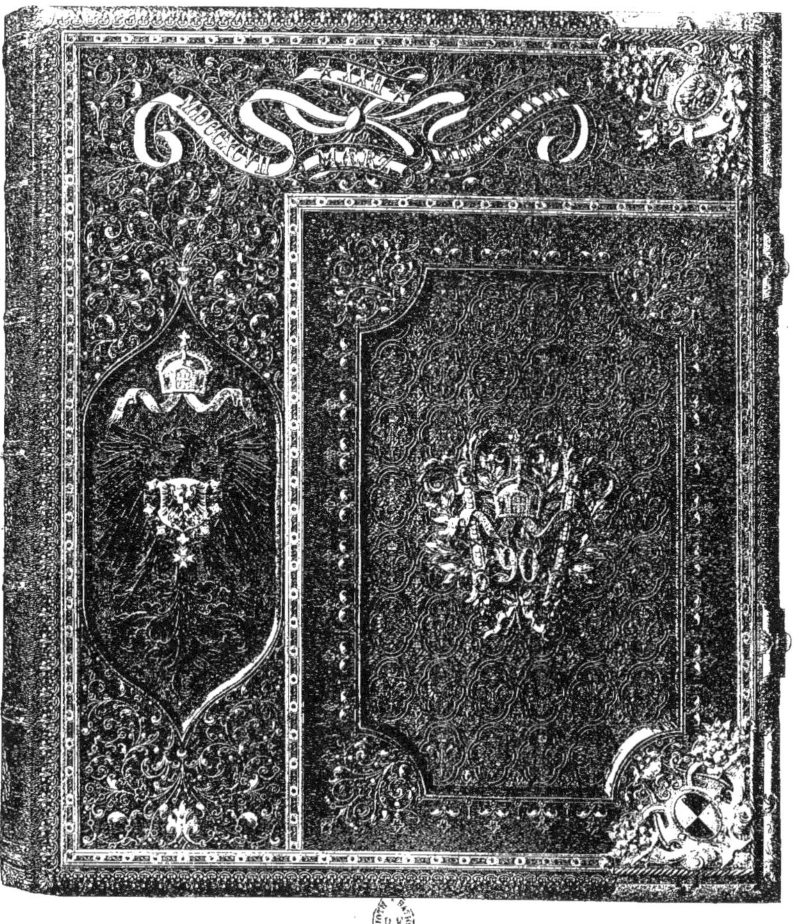

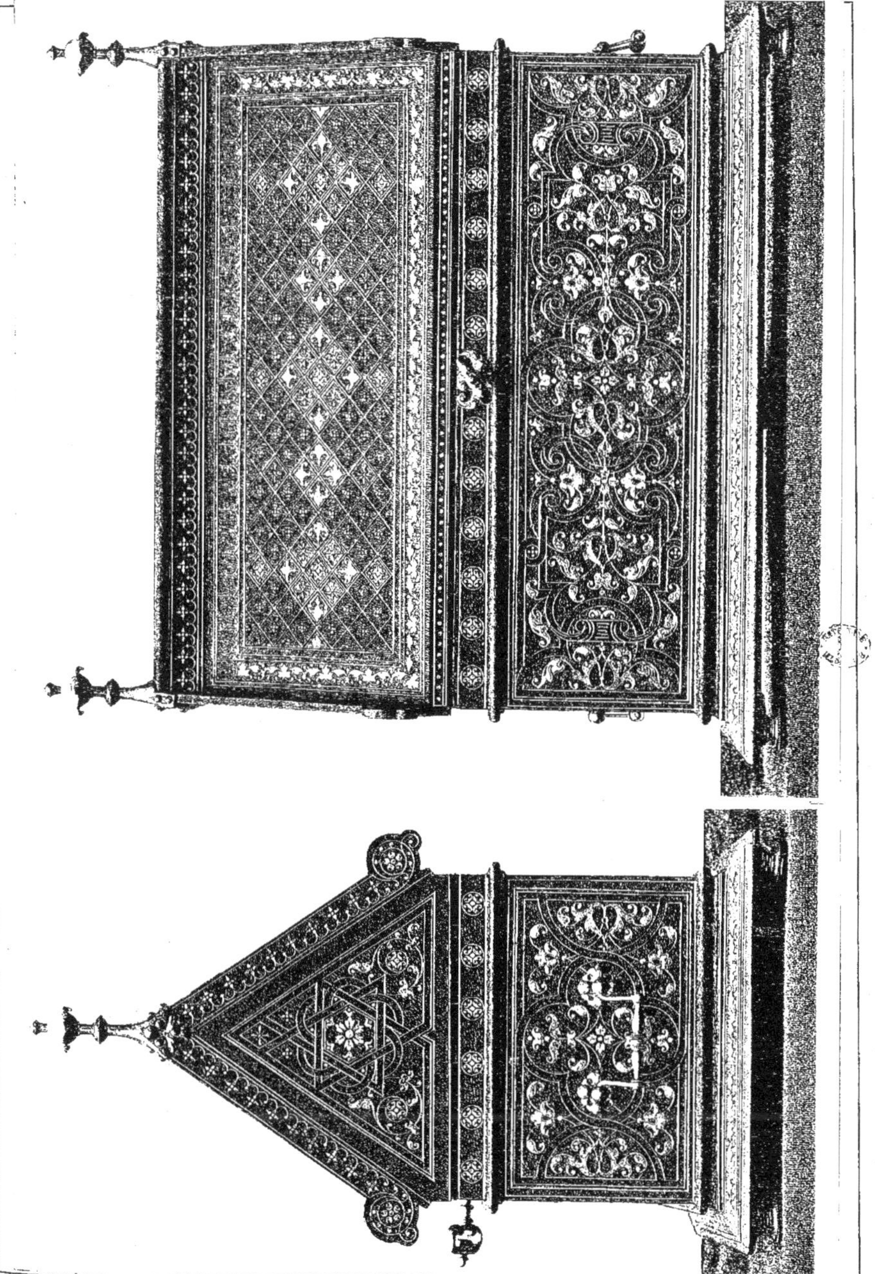

La Dorure sur Cuir, Reliure, Ciselure et Gaufrure en Allemagne *Planche 68.*

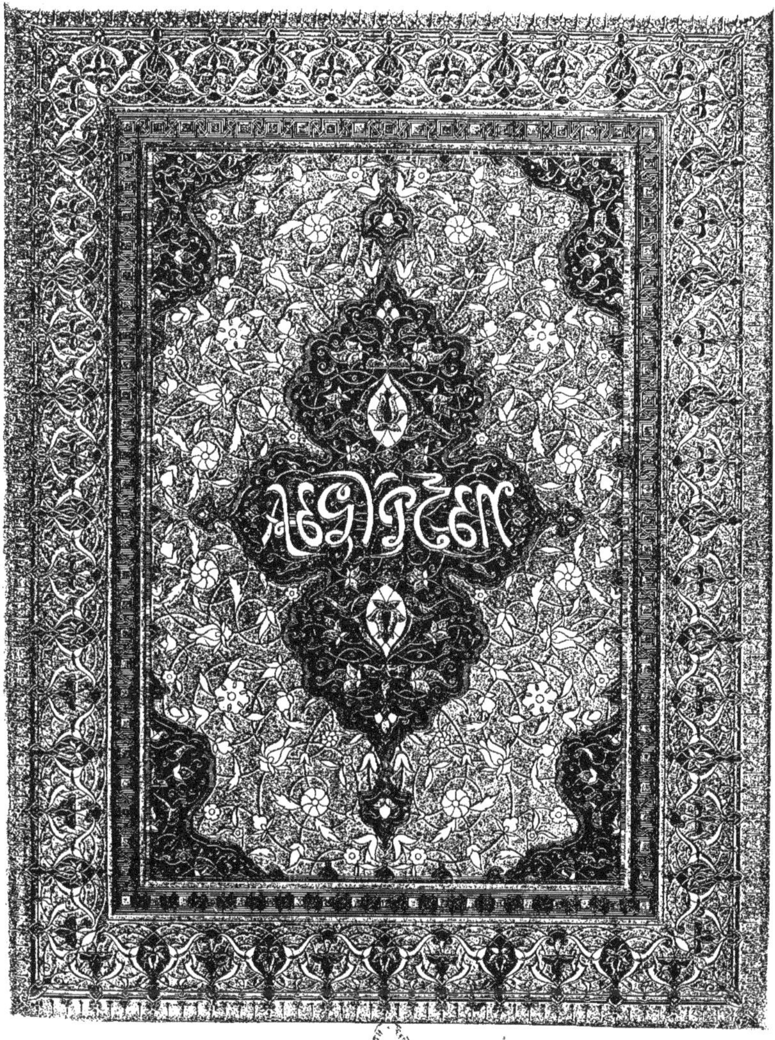
AEGYPTEN

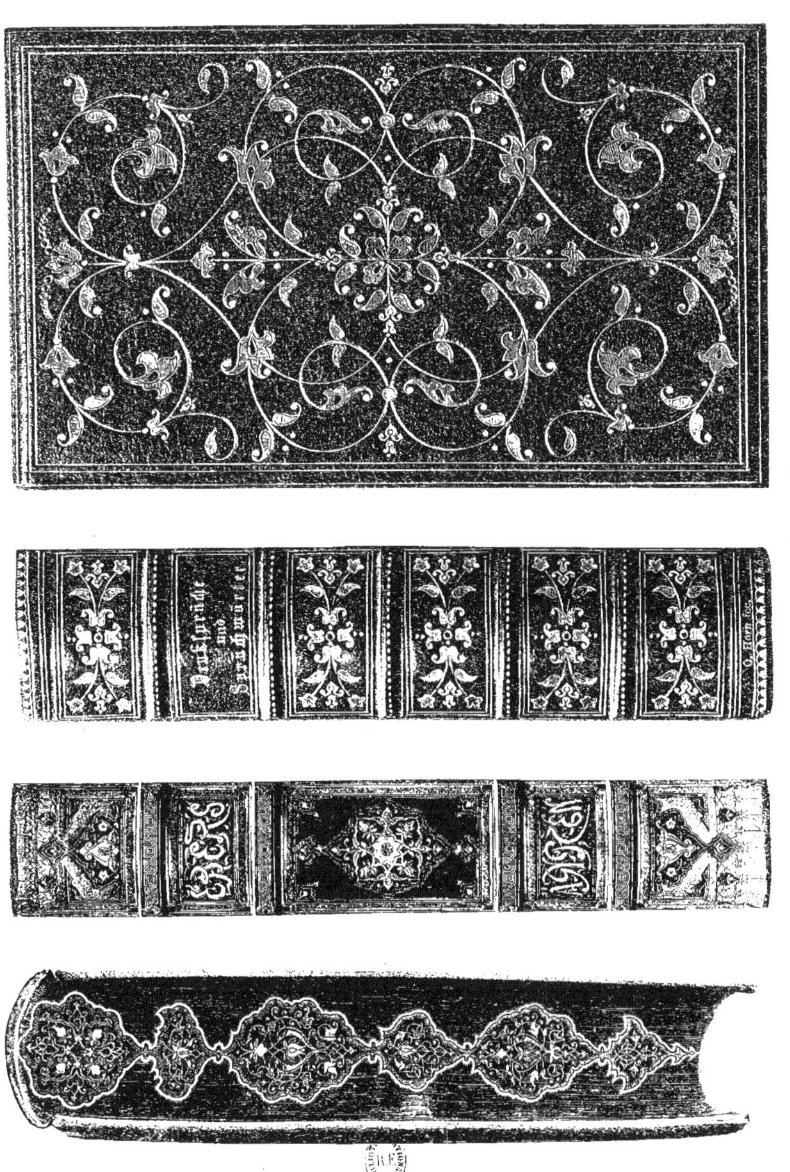

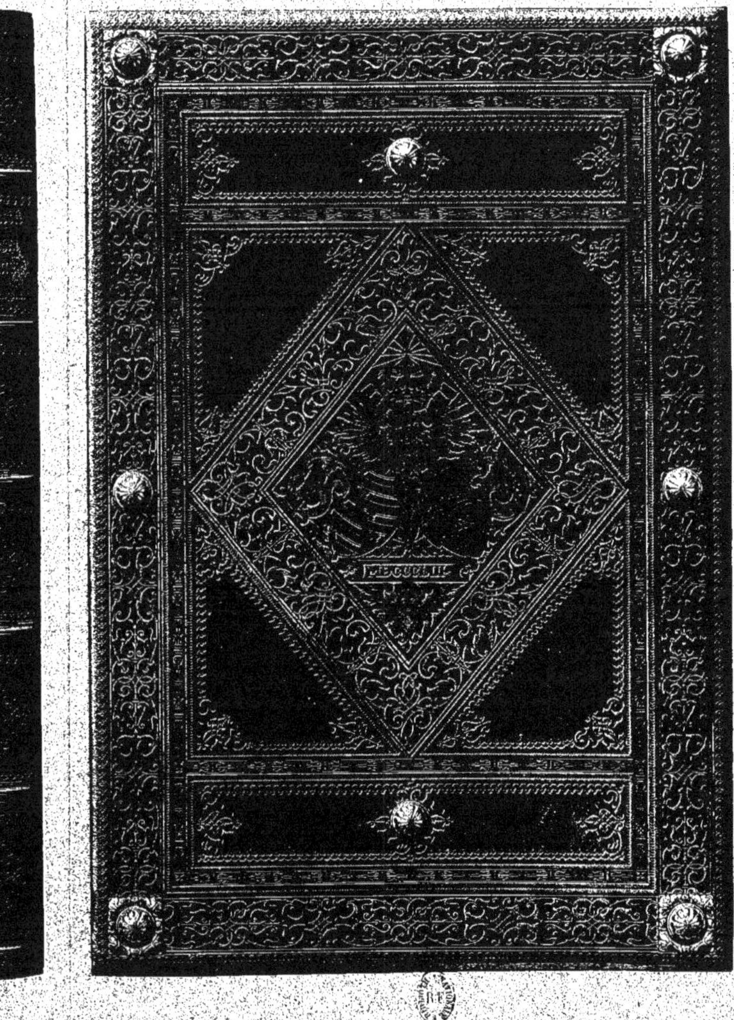

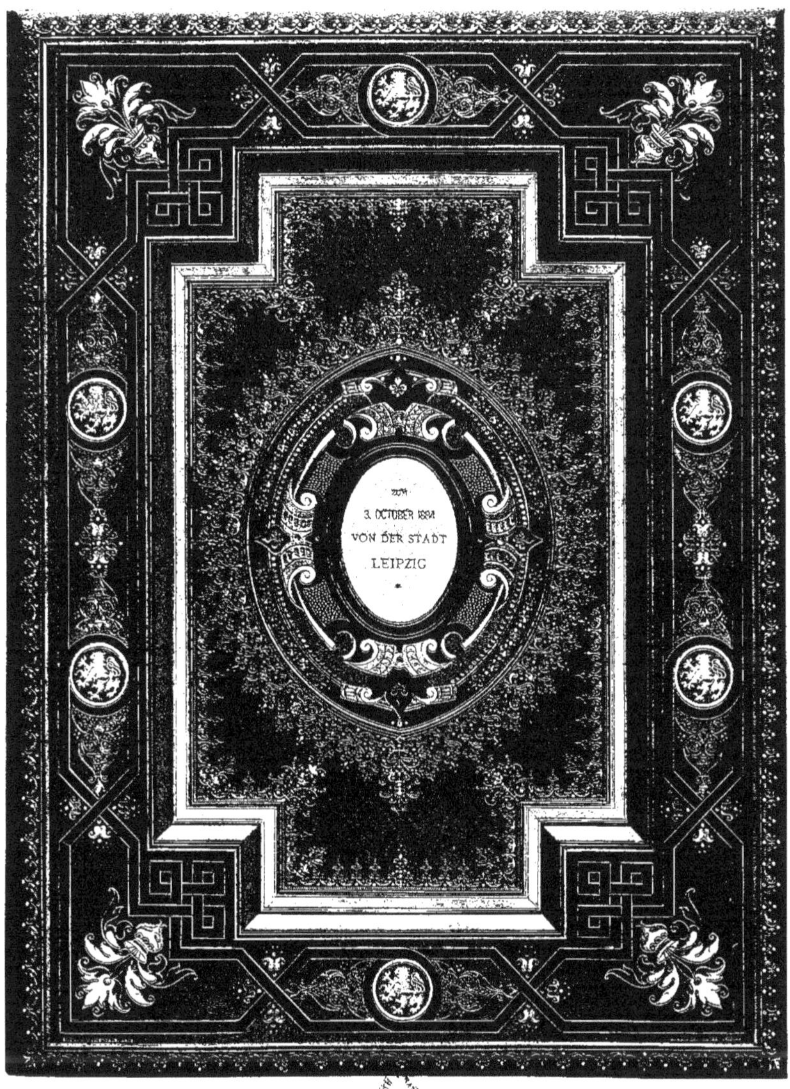

zum
3. OCTOBER 1884
VON DER STADT
LEIPZIG

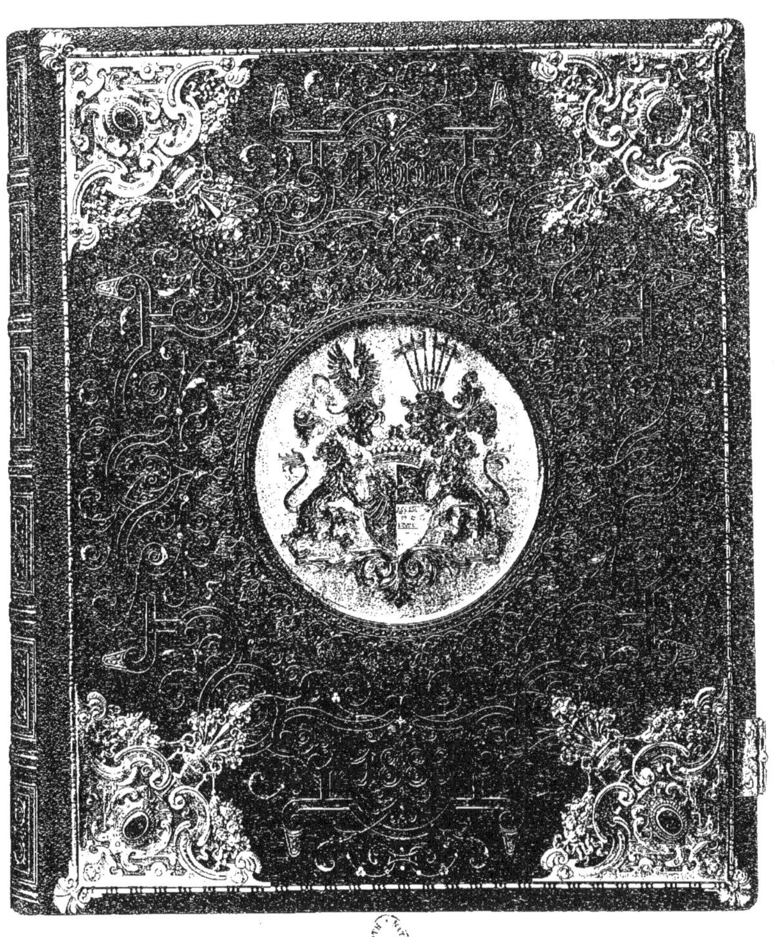

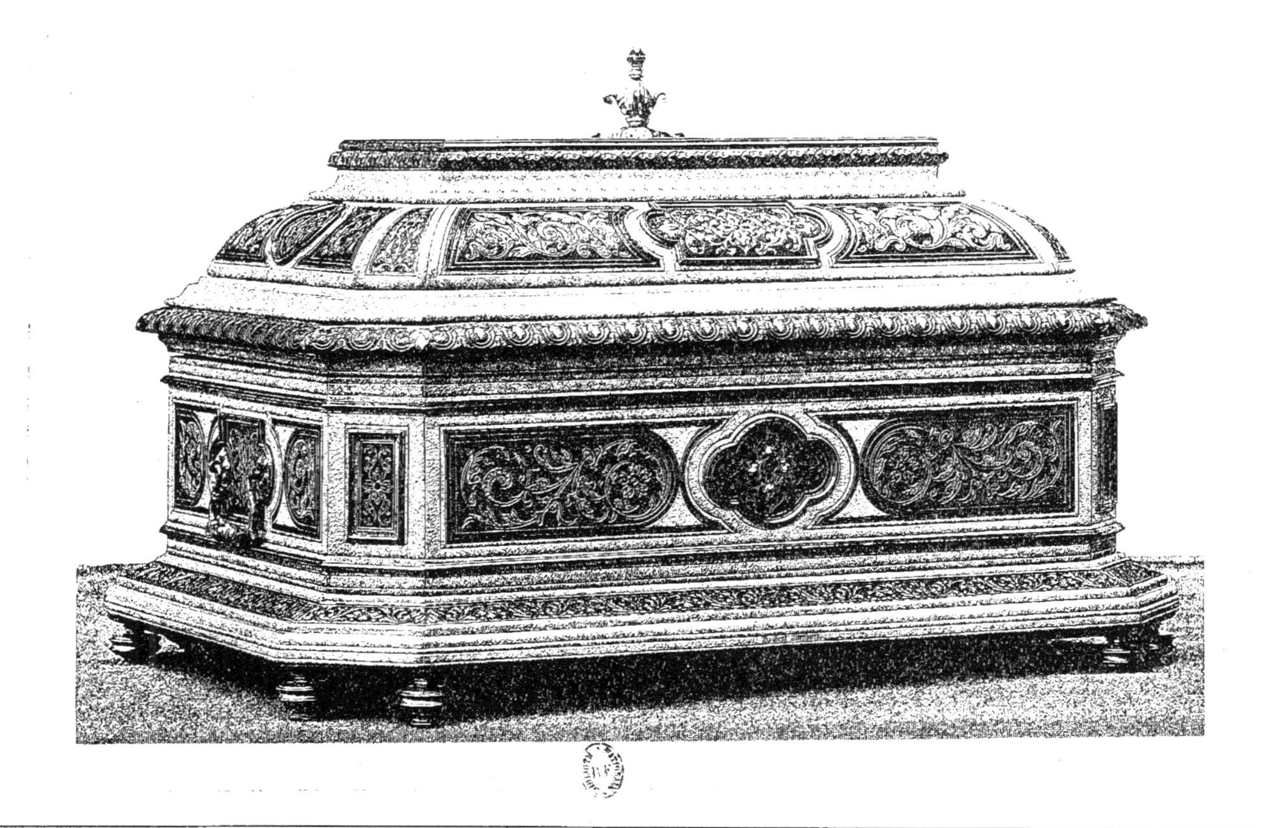

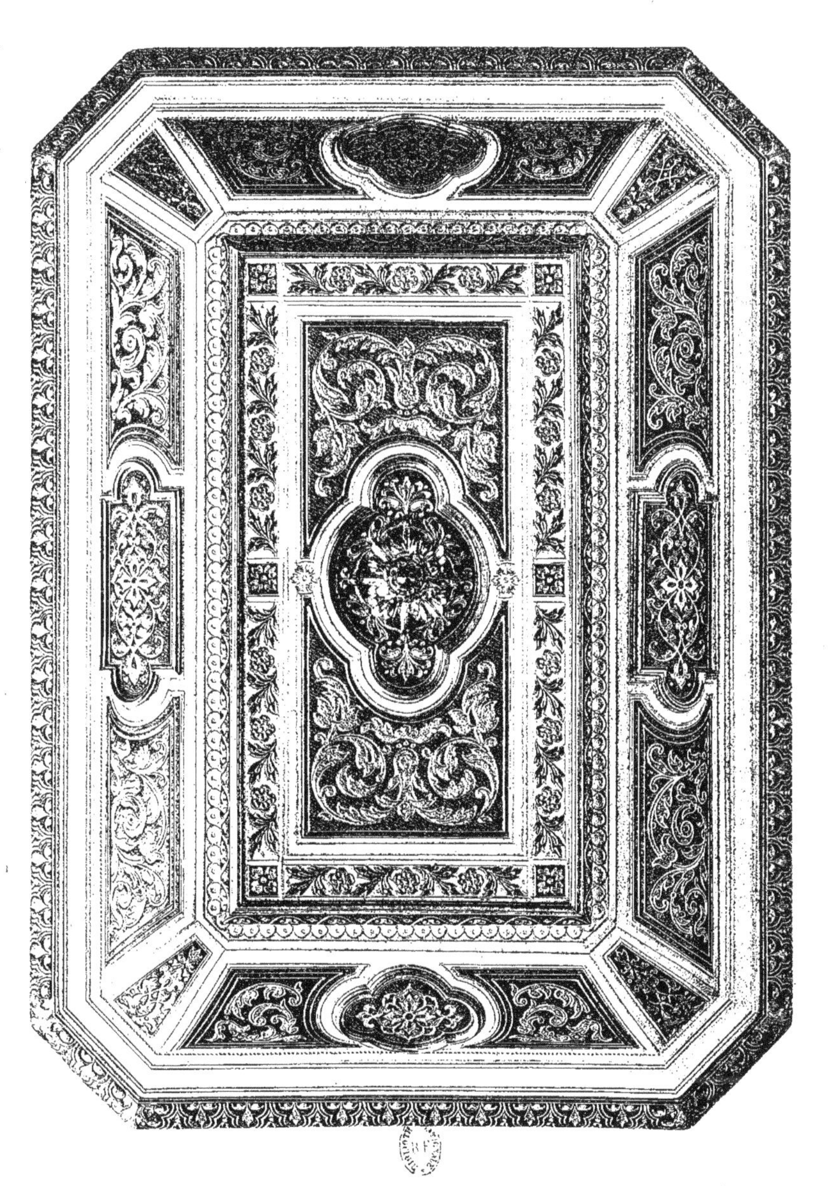

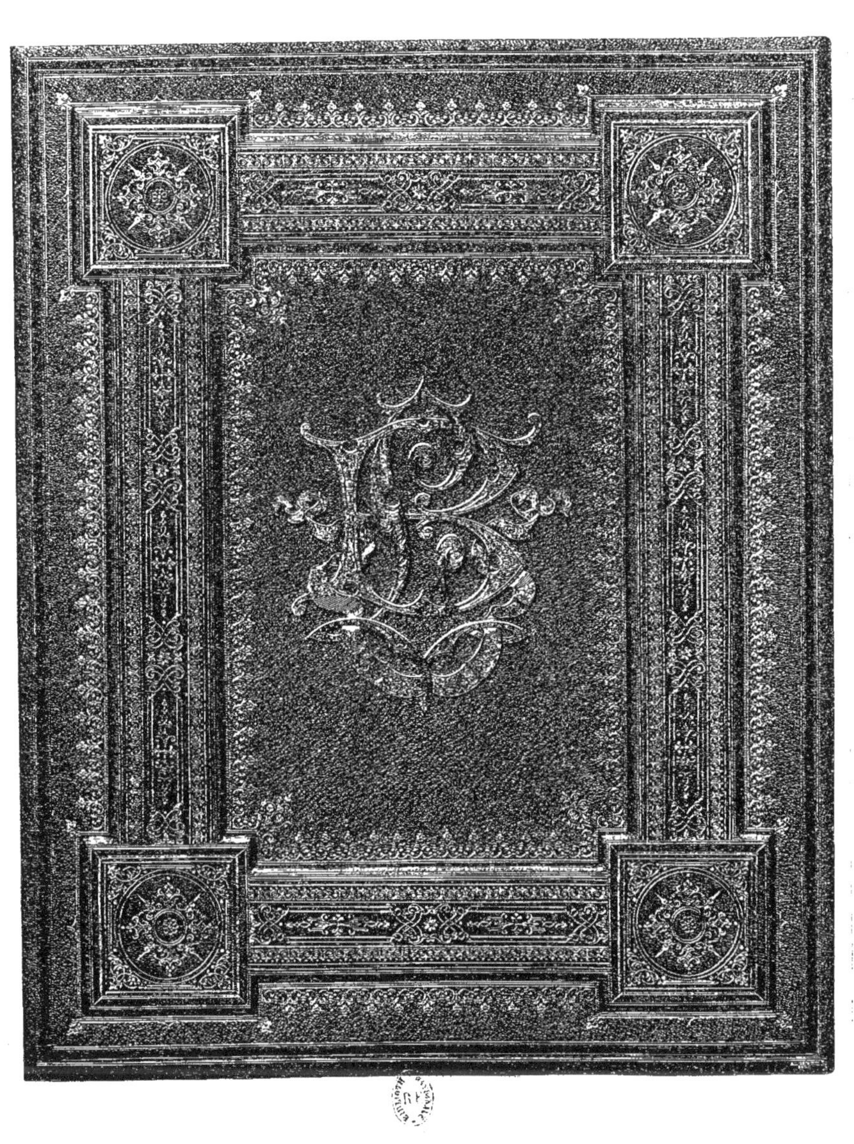

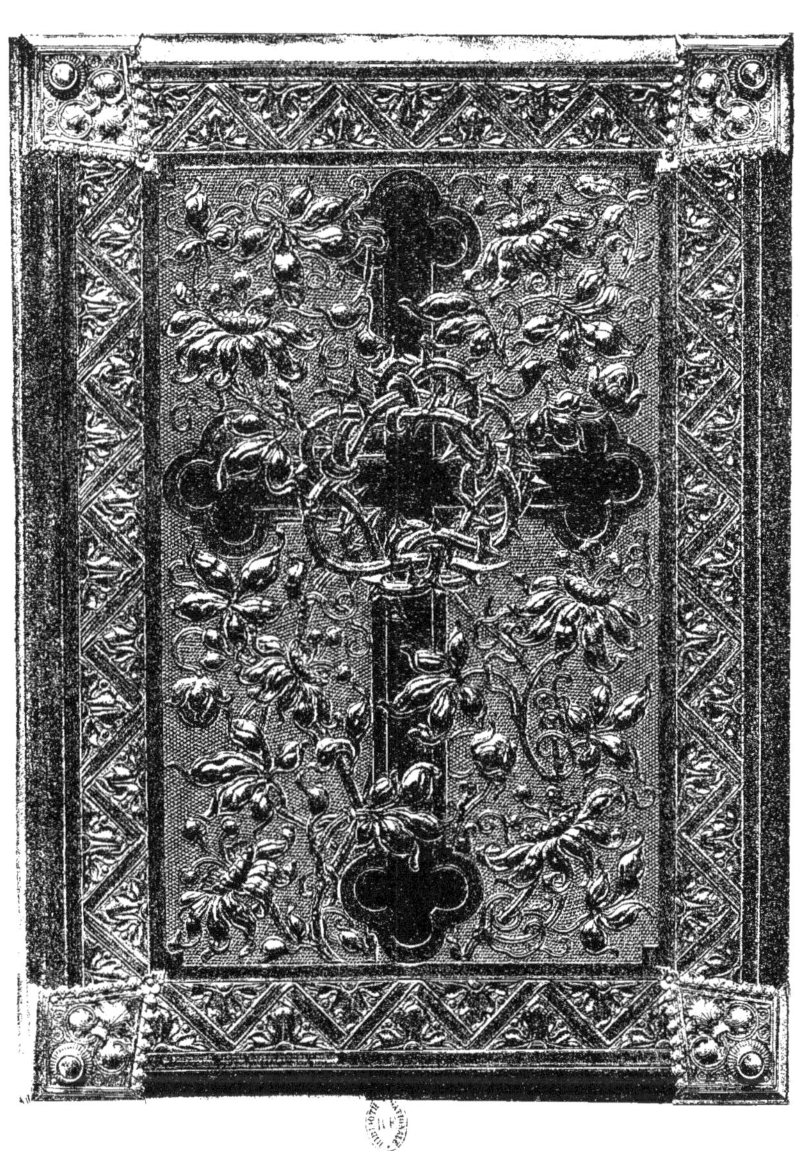

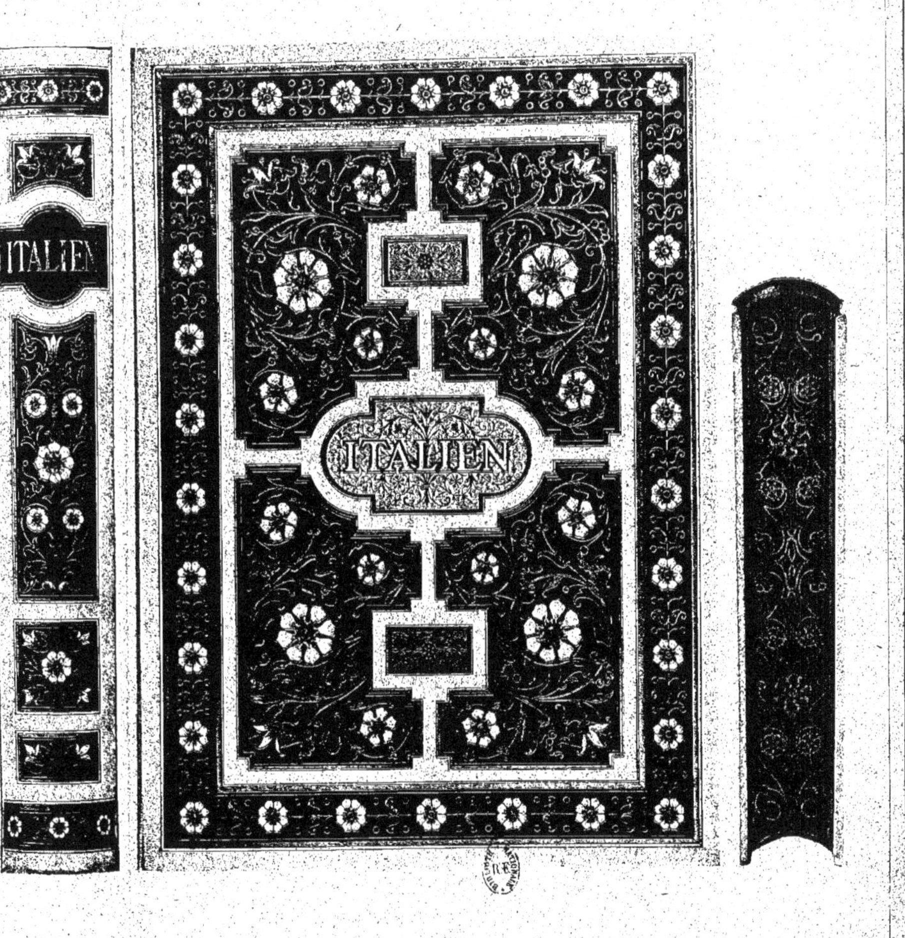
ITALIEN
ITALIEN

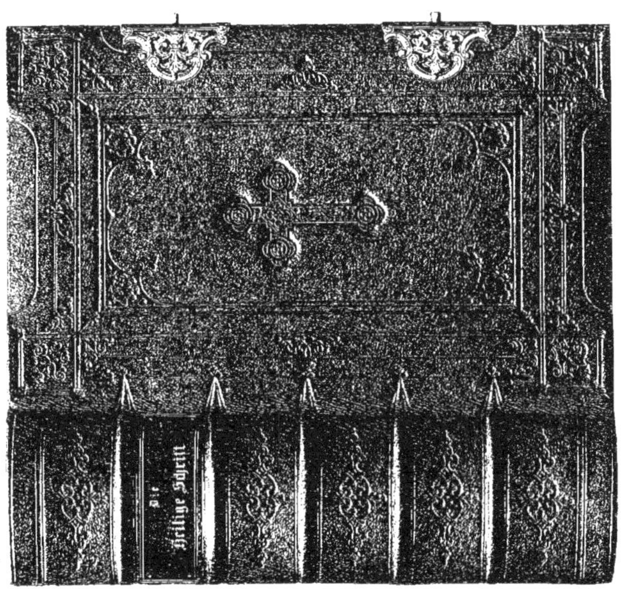

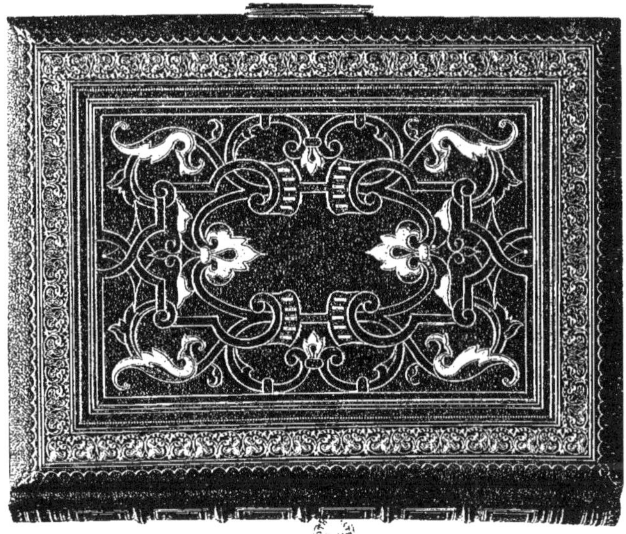

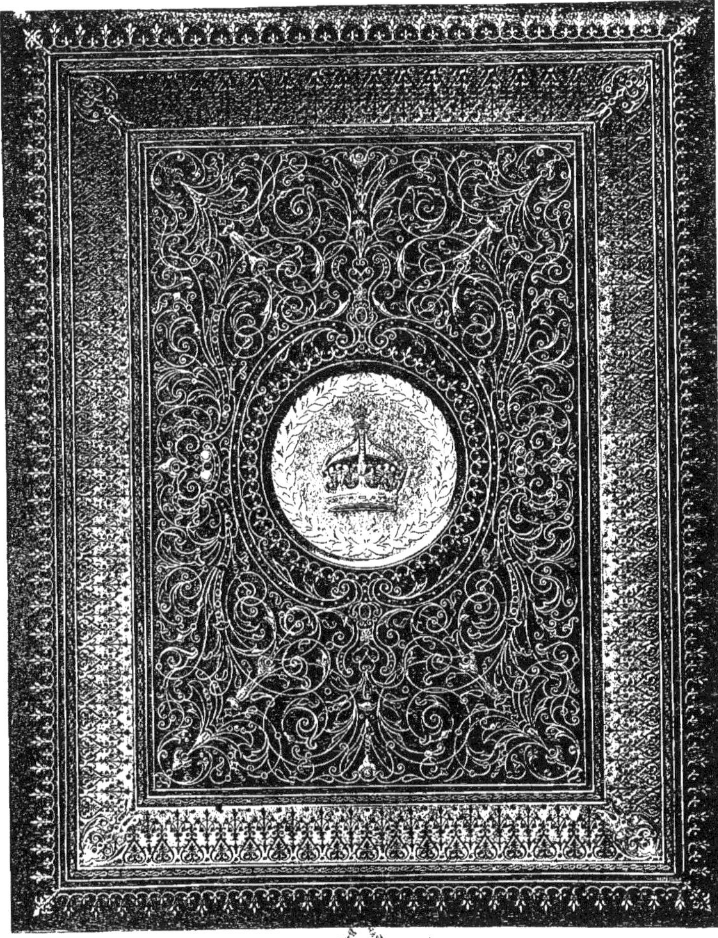

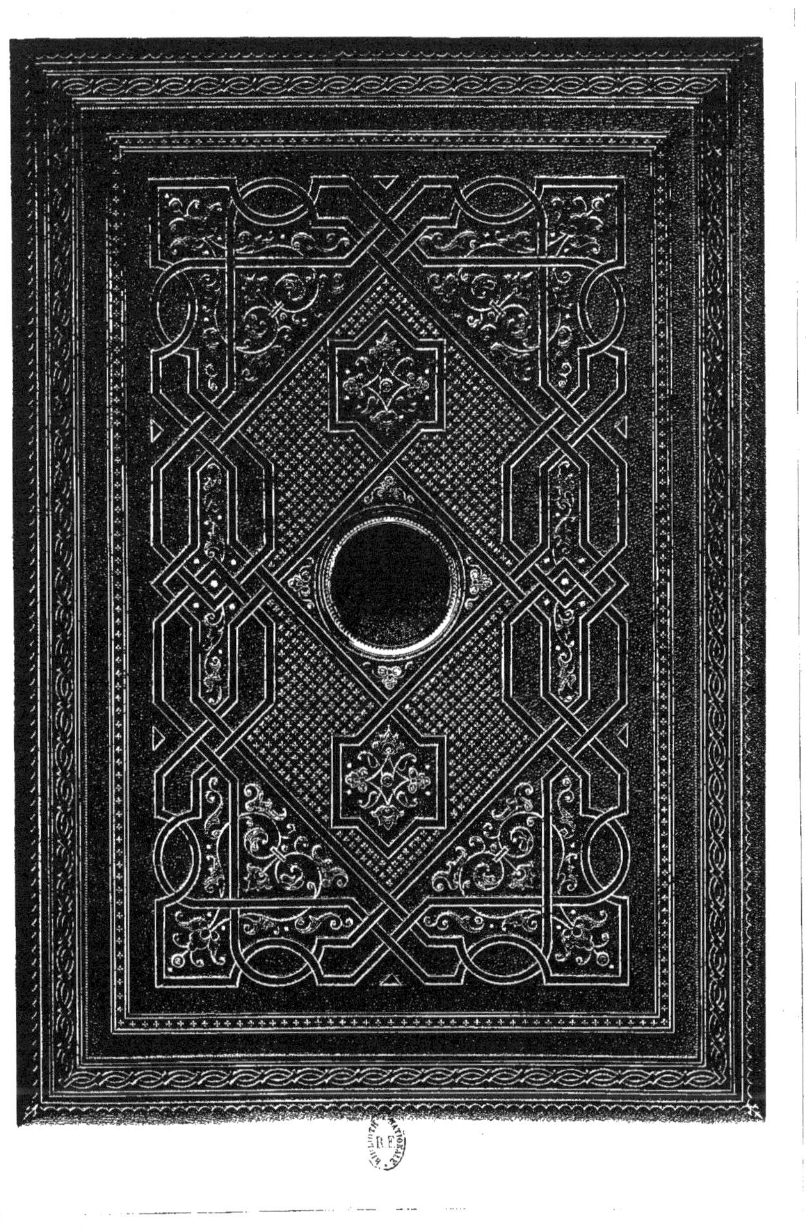

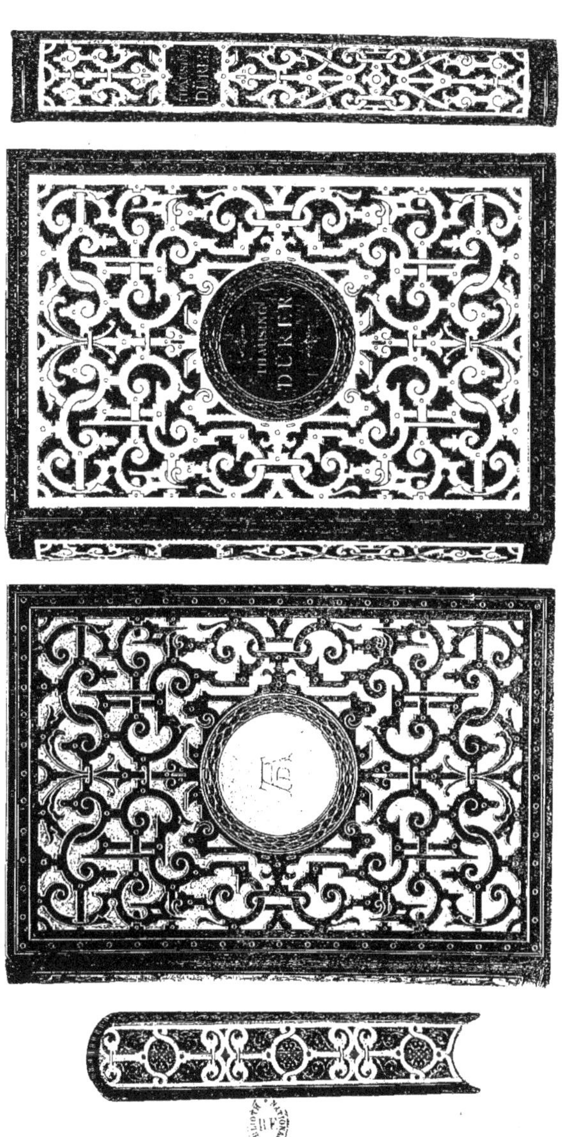

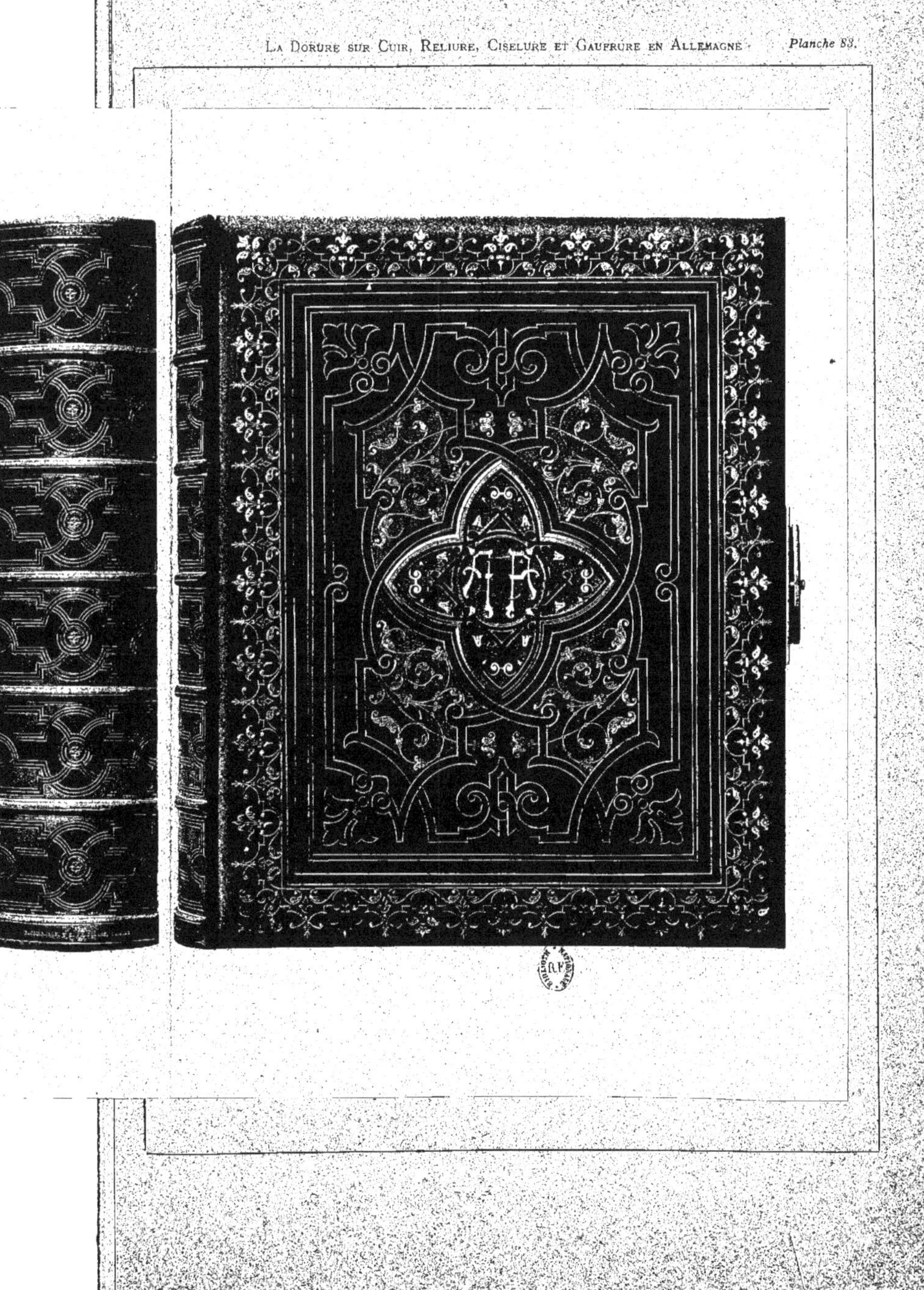

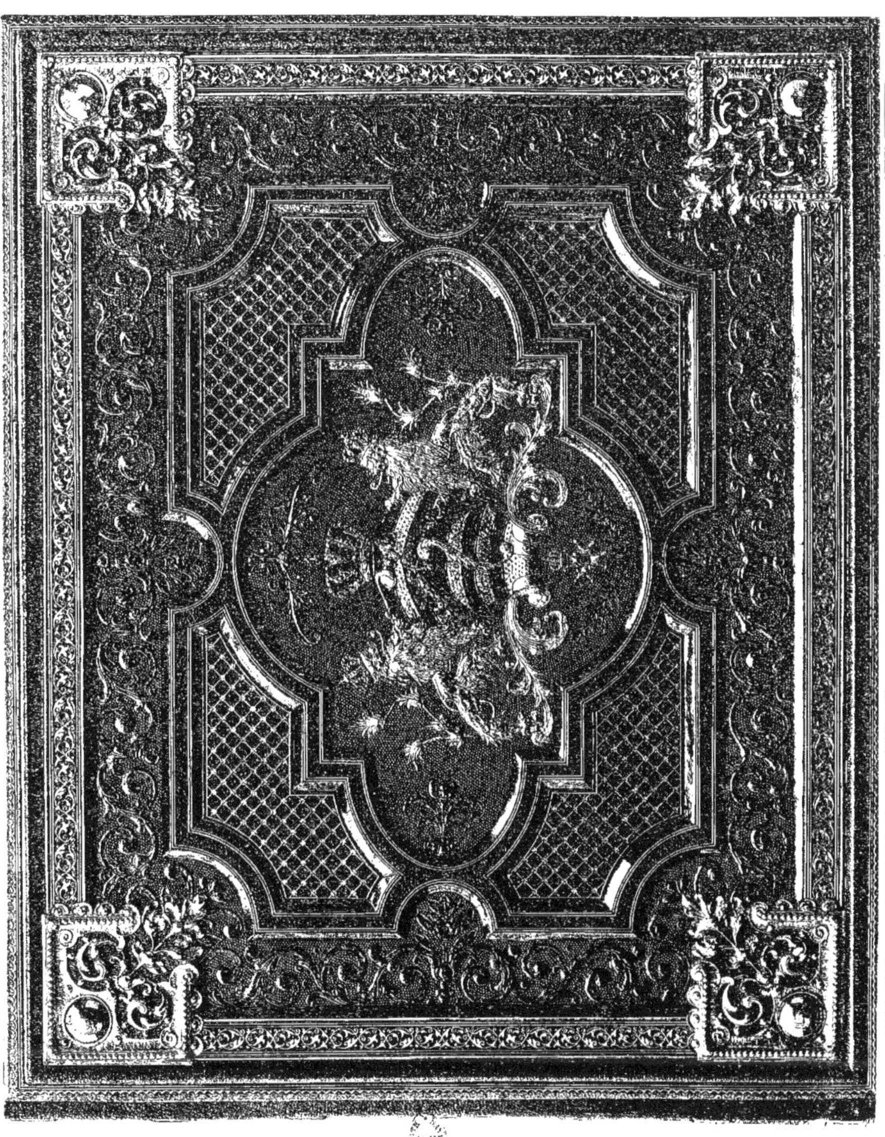

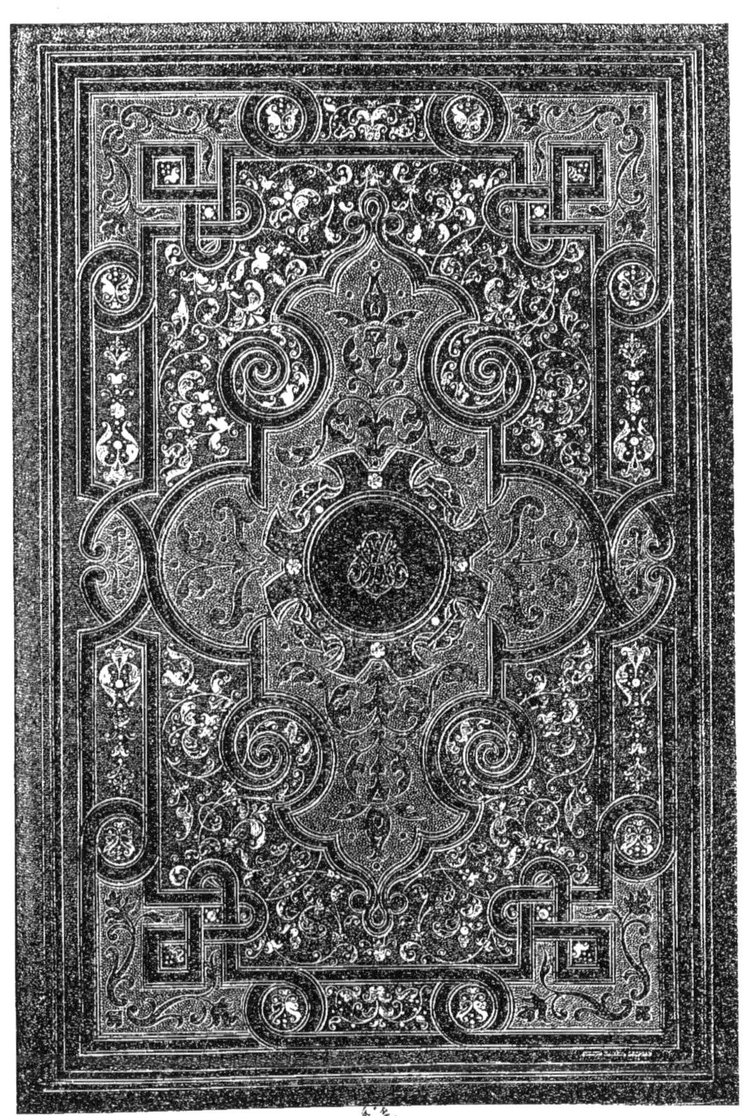

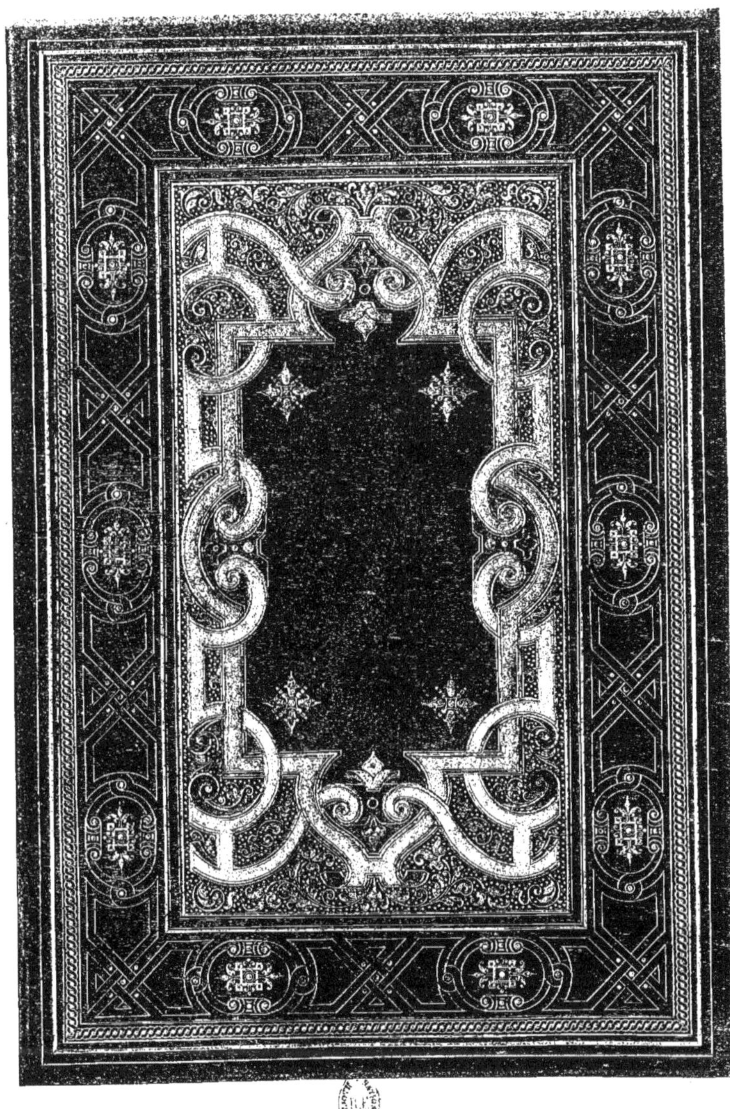

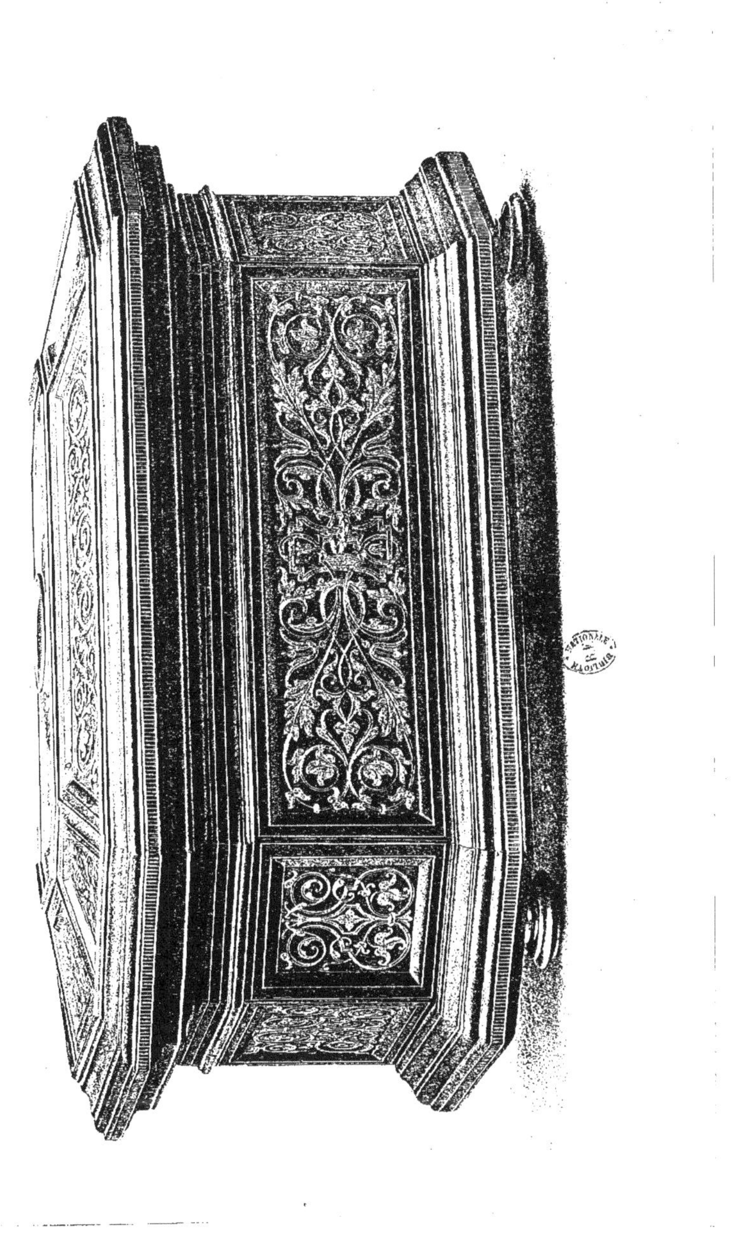

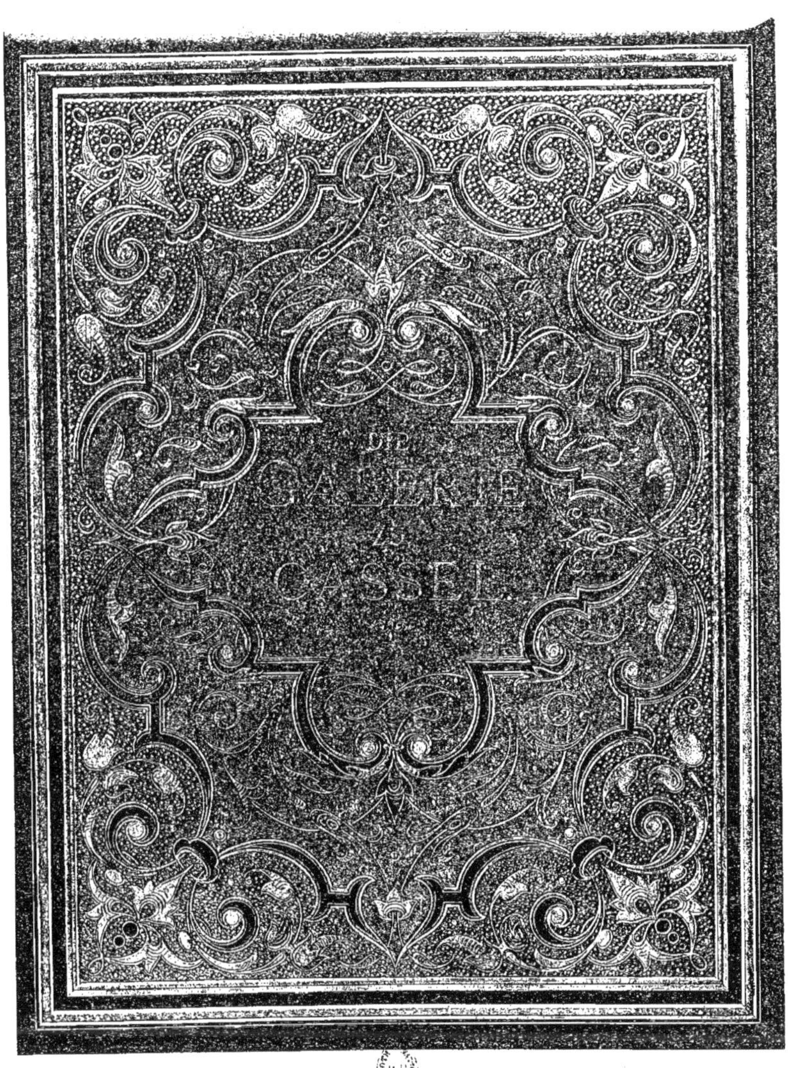
DE
GALERIE
A
CASSEL

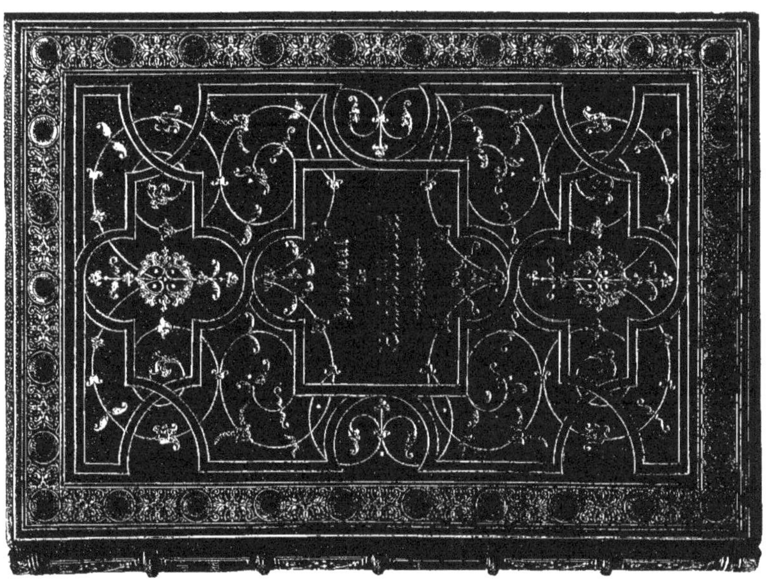